情色朝鮮

에로틱조선

우리가 몰랐던 조선인들의 성 이야기

那些被迫忍受、壓抑的韓國近代性欲實錄

Young kyu Park

朴永圭 著

徐小為 譯

前言

揭開朝鮮的愛慾與真實面

人類本能的慾望之中，最強烈的兩項分別為食慾和性慾。觀察人類史，會發現食慾和性慾是促進文明發展的巨大動機。為填飽肚子的努力，帶領產業與科學技術飛躍成長；渴望追求性的美，使文化與藝術提高到新的境界。簡單來說，人類的物質文明可說是食慾的產物，精神文明則等於是性慾的產物。儘管如此，不像食慾長久以來被視為神聖之事，性慾反而被視為禁忌。

大家都知道，食慾是為生存，性慾則為繁殖紮根。生存是最當務之急的現實問題，繁殖則是即將來臨的未來問題。人類自誕生至地球上以來，時常感到飢腸轆轆，為了解決當下的飢餓，便將未來銬上了枷鎖，此舉導致「徹底將表露性慾當成禁忌」的現象。

這之中通常會包含被稱為掌權者的人，也就是占領食慾產物的人的某種意圖。他們為了盡情排解自己的慾望，便對弱者的性慾銬上了枷鎖；建立法律、身分、制度的限制，試圖制約並禁錮弱者們的性慾。

不分時代，只要是性觀念封閉的社會，最自由奔放的角色，莫過於享有力氣與權力的男性了。男女階級越不平等，就意味著掌權的少數男性可以享有著性方面的行為，而且所包含的範圍越廣。在身分階級差距大，男女極度不平等的社會中，雖然有權的男性能以女性為對象，盡情享受性方面的娛樂，但女性在這過程中便淪為了性的犧牲品；朝鮮便是最典型的例子。

寂靜的晨間之國*、士大夫的國度、隱者的國度、東方禮儀之國……這些都是讚頌朝鮮的形容詞。反過來檢視這些優美的詞句，就會重新領悟：朝鮮是一個由帶著儒學假面的兩班士大夫領導的封閉國家。從我們（韓國）的歷史中看起來，實際上朝鮮這個國家也的確是最封閉的社會。尤其對性的封閉，更可說近乎暴力。

在朝鮮社會中，表露性慾這件事是完全被法律所禁止。連戀愛裡的情感，都必須在慣例與制度的束縛下遭受限制。男女之間的戀愛難以想像，而未經媒妁之言的婚姻

＊譯註：德國神父諾柏特・韋伯（Norbert Weber）出版於一九一五年的《訪朝見聞錄》（Im Lande der Morgenstille／Reiseerinnerungen an Korea）。

則不被社會所認同。結為夫妻之後若被發現婚前相會，則必須離婚，這是朝鮮的法律。因為極度限制了情感表達，所以夫妻之間連要享受性愛也不容易。夫妻的性生活，經常只是傳宗接代的手段而已。

然而，性慾是無論用任何方法禁錮、抑制、遮掩，都無法完全使其消滅的人類本能。越是消滅它，反而越會讓它以畸形的方式被宣洩出來。表面上看起來像正人君子的士大夫，實際上卻淫亂至極，他們甚至還因此享有專用的制度、措施。

在朝鮮，享有權力與財富的男性們，透過妓生與妾盡情滿足了性慾，並以「風流」的名義修飾，將其合理化。朝鮮時代有權力有財富的男人，幾乎無人不進入花柳巷或不納妾的，這點可作為反證。被稱為「松都三絕」的花潭徐敬德*、松江鄭澈，還有嶺南士林**的晦齋李彥迪，也無一例外。

朝鮮的士大夫們搬弄著孔孟，滿口仁義禮智，但為了搶占妓生，卻不惜在大街上

---

*譯註：花潭為徐敬德之號，朝鮮習慣先稱號後列姓名，後面的松江、晦齋皆是。

**譯註：聞慶鳥嶺以南，包括現在的慶尚南、北道，稱「嶺南」；士林派為朝鮮中後期的兩班朋黨，與其相對的是外戚、功臣的的勳舊派。

動手動腳；他們也會被妻妾糾葛引起的戰爭波及；恬不知恥地瞞著妻子趁夜摸黑享用女婢；也常見到因為枕邊人幾句話而違背法律或原則的情況。君王或丞相自然也不例外，說整個朝鮮社會，都是那些有權有勢有錢的男人們的愛情競技場，也不為過。

既然情況如此，閨房中的女人們就算結了夫妻之緣，也必須投入死守丈夫的戰場之中，妾們則過著「最要察言觀色卻滿腹辛酸淚」的悲慘人生。妓生們就像路邊的野花般，抱著不知何時會被誰採下的不安，賣笑歌舞，或者委身於鎮守邊疆的軍人作二奶，度過悲涼的生活。還不只如此，宮中的王妃和後宮嬪妃們也得眼冒血絲地展開愛恨鬥爭，無數的宮女們成了「望王石」，只求有一承聖恩的機會。本應大展醫術的醫女，在各種酒席間被呼來喚去，之後通常會被某個有權有勢的人，娶了作妾。奴婢們則常要提防女主人滿懷妒意的責打、刁難。

儘管如此，朝鮮社會仍舊對愛慾抱有幻想，並存在著口交甚至雜交等多種形態的性癖好。雖然法律與風俗很封閉，性文化極為畸形，但朝鮮人以自己的方式實踐愛情並享受性愛。也有像黃眞伊、俞甘同和於乙宇同這種，在嚴酷的風俗和制度下仍舊夢想著自由戀愛，並實際化為行動的女人。當然，他們最後還是因觸犯法條受到懲罰，更甚者也遭嚴刑處置。

朝鮮人的性思維完整地保留在春宮圖、豔本，以及《朝鮮王朝實錄》中大量留存的性相關的醜聞之中。《情色朝鮮》是筆者蒐集並分析這些相關內容，介紹朝鮮人性生活的一本書。

本書共分為3部。

第1部是「化身為情色象徵的女人們」。「情色象徵」（erotic symbol）指的是會刺激性本能，能代表在朝鮮社會裡存在的情色身分。這個部分把重點放在妓生、宮女、醫女與妾身上。社會賦予這些女人的角色雖然各自有別，但身處屬於父權社會的朝鮮，她們的共通點是，同樣都無法擺脫眾多男性的調戲和壓迫。她們背負了情色象徵之名，只能做為時代的犧牲品生活下去，在此我想探討她們的人生及愛恨悲歡。

第2部是「春宮圖與豔本的情色性」。情色性（eroticism）意謂煽動情色的思想與行動，除了直接的性行為之外，帶有「性」形象的有形、無形之物都包含在情色性的範疇裡。情色性在影像文化興盛之前，主要透過繪畫與文字被構築，在朝鮮為首的東亞文化圈中，最具代表性的就是春宮圖與豔本。這裡會透過朝鮮時代的春宮圖和豔本，探討當時的社會情況與性風俗。

第3部是「朝鮮的性意識與性醜聞」。性意識（sexuality）是總括人類的性慾、性行為，以及相關社會制度和規範的概念。指的是除了對性的認知、態度、情感及價值觀之外，還能反映法令、道德律、風俗及行動模式的一個整體的性文化。要檢視一個時代的性意識，最好的濾鏡就是緋聞。

因為那些流傳於眾人口中，顛覆社會的性醜聞，才是最露骨且赤裸地反映當代看待「性」的視角。我想藉由收錄在《朝鮮王朝實錄》中的許多緋聞，來探討朝鮮的性意識。

情慾是人類的本能，不管想用何種力量壓制、如何去掩蓋，都絕對無法抵擋，是如同湧泉般的慾望。如果不明白在朝鮮人生命中湧出的情慾之泉，就不能說自己很了解朝鮮。筆者追尋著這股湧泉的痕跡，想透過其中的熱情、愛情，以及憂愁，揭開朝鮮人的赤裸與真實面貌。希望本書可以成為一個契機，探討朝鮮人在朝鮮這封閉的社會中，是以何種形式斷開禁忌的鎖鏈，以及如何揭露性慾的本能來存活下去。

朴永圭

二〇一九年七月於日山自宅

目錄

2 只應看著王的女人們，宮女 …… 60

第 2 部　春宮圖與豔本的情色性

第3部 朝鮮的性意識與性醜聞

朝鮮君王		中國朝代／年號	備註
1567 - 1608 年	宣祖	明朝／隆慶、萬曆	
1608 - 1623 年	光海君	明朝／萬曆	
1623 - 1649 年	仁祖	明朝／萬曆、天啟、崇禎	1644 年明朝滅亡
1649 - 1659 年	孝宗	清朝／順治	與清朝交往
1659 - 1674 年	顯宗	清朝／順治、康熙	
1674 - 1720 年	肅宗	清朝／康熙	
1720 - 1724 年	景宗	清朝／康熙、雍正	
1724 - 1776 年	英祖	清朝／雍正、乾隆	
1776 - 1800 年	正祖	清朝／乾隆、嘉慶	
1800 - 1834 年	純祖	清朝／嘉慶、道光	
1834 - 1849 年	憲宗	清朝／道光	
1849 - 1863 年	哲宗	清朝／咸豐、同治	
1863 - 1897 年（國王） 1897 - 1907 年（皇帝）	高宗	清朝／同治、光緒	1897 年脫離中國藩屬，改國號：大韓帝國
1907 - 1910 年	純宗	清朝／光緒、宣統	

朝鮮王朝君王・一覽表

橫跨 1392 年至 1910 年間（含大韓帝國 1897 年～ 1910 年），

國祚 518 年。

朝鮮君王		中國朝代／年號	備註
1392 - 1398 年 （權知朝鮮國事）	太祖	明朝／洪武（朱元璋）	奉明朝正朔
1398 - 1400 年 （權知朝鮮國事）	定宗	明朝／建文	
1400 - 1401 年 （權知朝鮮國事） 1401 - 1418 年 （國王）	太宗	明朝／永樂	
1418 - 1450 年	世宗	明朝／永樂、洪熙、宣德、正統、景泰	
1450 - 1452 年	文宗	明朝／景泰	
1452 - 1455 年	端宗	明朝／景泰	
1455 - 1468 年	世祖	明朝／景泰、天順、成化	
1468 - 1469 年	睿宗	明朝／成化	
1469 - 1494 年	成宗	明朝／成化、弘治	
1494 - 1506 年	燕山君	明朝／弘治、正德	
1506 - 1544 年	中宗	明朝／正德、嘉靖	
1544 - 1545 年	仁宗	明朝／嘉靖	
1545 - 1567 年	明宗	明朝／嘉靖、隆慶	

第 1 部

化身為情色象徵的女人們

朝鮮時代的女人之中，有一群人被畫上了情色象徵的等號。她們就是妓生、宮女、醫女與妾。雖然各自的社會任務不同，但在朝鮮這個父權社會中，她們都一樣無法擺脫男人的性騷擾。讓我們來看看，無可奈何地成為眾多男性的情色象徵（erotic symbol），只能做為一個時代的犧牲品生存下去的她們，有著何種哀愁，度過了怎麼樣的人生。

1 善解人意的解語花，妓生

萬人的戀人與風流的伴侶

要討論朝鮮時代的情色，第一個不得不提到的就是「妓生」。以所有的緋聞來說，在豔本（肉談）、春宮圖（春畫）、詩、小說和散文中，妓生便位於官能的正中央。在吵雜紛亂的各種風流韻事中，妓生就像老相好般頻繁登場，兩班們有些會娶其為妾，或在飲酒時獨占了男人的關注與疼愛。除了那些豪情大丈夫之外，沒有人不接近妓生，連王族也不例外，實際上出身為妓生的後宮佳麗也不在少數。朝鮮中宗時文人宋世琳的笑話集《禦眠楯》中記錄的逸聞，完整呈現了男性們對妓生的渴望與執著。

全羅道古阜郡有一位妓生，已忘其名。高靈府院君*申叔舟在此為官時，非常寵愛她。因為申叔舟與她情深義重，在地方生涯結束後，還把她帶去京城共度了四年之久。申叔舟看到這位妓生思鄉的樣子，於是同意她歸寧。不過沒過多久，便傳出妓生在故鄉淫亂享樂的傳聞。

不久之後，某位權勢的庶子，姓韓，帶著幾匹貢布經過古阜郡，投宿在這位妓生家中。

陷入妓生美貌的韓生因此流連忘返，妓生也愛上了韓生標緻的外貌與風采，又見他財物相當豐厚。於是二人相愛甚篤，誓死不分。

數月之後，韓生盤纏用罄，他對妓生說：「妳應該有許多恩客，想必胸中自有涇渭，妳為其列出等級，我以筆記之。」

妓生立刻允諾，依著枕頭說道：「長城**鄉吏李清，其甲也。光州甲士林萬孫，其乙也。」韓生接著問丙為何許人，妓生如此說道：「申高靈大人有功，不可不書。儒生朴命春，可丁，嶺南行客吳弼，可戊也。」韓生再問接下來的排序，妓生毫不猶豫地說：「君既秉筆，則亦不可漏書。」

*譯註：府院君是高麗、朝鮮君王授予外戚、宗室與有功者之爵位，屬正一品。
**譯註：長城，是今日全羅南道長城郡。

韓生聞此言，頓時無語。最後他落得行乞還鄉的地步。

獲得妓生心中第一的男性，不是達官顯貴，也不是有錢人，不過是長城出身的鄉吏罷了。同居四年的申叔舟只排在三位，至於豪氣萬千發問的韓生，則連前三名都沒進。考慮到這個故事的出處是一本豔本，妓生排序的順位大概是床上功夫了得，被體驗過眾多男性的妓生推選為第一，就等於身為男性的魅力與精力得到了肯定。

朝鮮男性對於妓生的渴望無比熱烈，當時妓生受歡迎的程度就好比今日的有名巨星，十分神氣。拿黃眞伊來說，她跟王族、學者，甚至連遠離俗世的高僧都過從甚密。據說還有位名為「笑春風」的名妓，曾高傲地拒絕成宗讓她入宮的要求。再來看另一篇《禦眠楯》中，描繪朝鮮時代男人與妓生關係的故事。

京城一位書生下嶺南遊玩，愛上了一位妓生。到了該回家的時間，他用悵然的表情對妓生說：「我要妳的切身之物，做為信物以表餘情。」

妓生將頭髮剪下，他不接受，說：「非也，此非妳切身之物。」

於是妓生剪下陰毛予之，這次他也不接受，說了：「此皆為外物，想取得只有妳能給的，異於尋常之物做為信物。」於是妓女蹲下解便後，將排遺給了書生，書生包了許多層後珍重地放入皮囊，拭淚離去。

之後書生把妓生的大便交給下人，交代每次熬羹湯時加一點進去。下人依主人之命每次熬湯時都加一點，書生每次喝羹湯時都會含淚望向南方。不知不覺快到京師，在渡漢江時，書生問下人：「那調羹物還剩幾許？」

下人應答：「昨朝用盡，今夕起以小奴屎而繼之。」

語畢，原本安坐馬上的書生立刻皺眉吐涎，嘔吐不已。

這自然是一篇引人發笑的豔文。不過男人們對妓生的愛，狂熱到連大便都不排斥的地步，則是事實。那麼朝鮮時代的男性究竟為什麼會如此倚賴妓生呢？《禦眠楯》是這樣提出解答的。

有一位書生非常熱愛妓生，但他的夫人帶著責備問他：「大丈夫薄待糟糠之妻，卻迷上了妓生，這是多不光彩的事啊？」

書生如此回應：「丈夫與糟糠之妻的情誼在於需要互相恭敬以待，知曉輕重。所以就算能尊重妻子，也不能過度調戲她。然妓生不同，能盡情享受情慾，淫蕩嬉戲也無妨。恭敬則疏遠，不拘小節則變得親密，豈非理所當然？」

朝鮮時代的男女是不被允許自由戀愛的。甚至男女結婚若未經媒妁之言，就被認為是違反法制的，如果被發現有私下相會，就會解除婚約，甚至必須離婚。就算順利結下夫妻之緣，也會因為受限於禮法，無法互相淫鬧、玩樂，充分享受性愛，至於夫妻間的性生活，只被認為是繁衍子孫的方法而已。

在這種情況下，妓生便成為男人們既不違背法律，又能分享戀愛情感的唯一出口。雖然無論過去或現在，男女都同樣渴望情感上、肉體上的愛，但在朝鮮這樣的父權社會中，這些都僅為男性所專享。長久以來，無數女性為了滿足男性的慾望而被犧牲，妓生只是最直接的例子之一而已。

再加上男女關係既嚴格又封閉的社會風氣，朝鮮男性對於妓生的幻想與執著越來越深。也許正因如此，朝鮮時代的春宮圖和豔本中，有許多作品都是描寫與妓生發生性關係的場面。連所謂的先知與知識份子也不例外。朝鮮社會的精英——士大夫們不分你我地時不時出入妓院，頗負盛名的一代偉人，也會和妓生們製造至少一次的羅曼史。來讀一段朝鮮知名文人留下的時調*。

稱玉為玉 只知荊山白玉
再看分明 分明紫玉也
正持弓鑽 試以刺穿乎

옥을 옥이라 하려면 형산 백옥만 생각했는데,
다시 보니 자옥임이 분명하다.
마침 활비비가 있으니 뚫어볼까 하노라.

*譯註：時調是高麗時出現的韓國傳統格律詩形式，「作詩能唱」，分三章（三行）、六句、四音步。

這時調中出現的「弓鑽」是一種錐子，用來比喻男性的性器。簡單來說，這內容是帶有邀請女性同床共枕的意味。至於答歌是這樣的：

稱鐵為鐵 只知錫鐵
再看分明 分明鄭澈*也
正持風匣 試以熔融乎

철을 철이라 하려면 무쇠만 생각했는데
다시 보니 정철임이 틀림없다.
마침 골풀무가 있으니 녹여볼까 하노라

這裡可以看出先作這首時調的是何許人也了。就是宣祖時的文人、詩人領袖——松江鄭澈；回覆鄭澈答歌的女人是一代名妓——真玉。她用時調中的「風匣」暗指女

*譯註：韓文中「鐵」及「澈」漢字讀音相同。

性的性器。從她要用自己的「風匣」來融化鄭澈的「弓鑽」來看，她應該是欣然接受了鄭澈的邀請。

透過詩來表現彼此的情慾，這種風雅只有讀過一點書的書生，以及懂得作詩的妓生才能享受。當然，只有極少部分的妓生才懂詩，要是再加上美麗的容貌、歌喉，甚至曼妙舞姿的話，就能享有天下盛名，讓那些自詡風流的兩班們在門前排隊。朝鮮時代的妓生，就像這樣成為眾多男人捧在心尖上的戀人，也是水準很高的風流伴侶。

妓生，她們究竟是誰？

妓生常又被稱為妓女或女妓。她們身為賤人身分，屬於官廳，被認為是國家的財產——官婢。

妓生的意思是以「妓」謀生的女人，雖然查字典的話會找到「娼妓，淫亂的女子」等敘述，但這跟原本的意思是有差距的。探討「妓」字的語源，是「操持竹製樂器『支』的『女』子」。所以妓生其實是「以音樂為職業的女子」，同樣地「女妓」這個稱呼也意味著「做音樂的女子」。這時的音樂，嚴格來說是「女樂」。女樂是指宮廷宴會中表演的傳統歌曲、舞蹈與樂器演奏。明朝時因輕視女樂，所以宮廷宴會時並不採用。朝鮮初期，整頓宮中音樂體制時雖然也曾出現過廢止女樂的主張，但在世宗強烈維護下得以延續命脈。

女樂大致分為歌曲、舞蹈以及樂器。妓生也分為唱歌的「聲妓」，跳舞的「舞妓」，演奏樂器的「樂妓」等等。然而到了朝鮮後期，這種區分逐漸消失，轉變為歌舞由妓生負責，而樂器則由樂工演奏。重視肺活量的笛或大笒等管樂器，主要由男性樂工演奏，妓生們則演奏玄鶴琴、伽倻琴等弦樂器。在女樂中，女性樂工被稱為「絃首」或「鼻頭」（코머리／Komeori）。像這樣作為藝人，妓生擔任的角色便是「操弄樂器的女子」，正符合語源之意。

妓生依活動區域，分為中央的「京妓」和各地地方的「官妓」。京妓屬於掌管音樂的官府——掌樂院，屬妓生中的最上級。另一方面，官妓則常被輕視，被戲稱為「酒湯」，意思是「為酒增添滋味的佐酒湯」。若京妓出現空缺，部分官妓會上京到首爾作為遞補，她們被稱為「選上妓」，即「被選中上京的妓生」之意。官妓若想成為選上妓，必須歌舞出眾，人品優雅高潔才行。

京妓最主要的任務，便是在宮廷宴會中展現舞蹈與歌唱能力，替宴會增添餘興。若有國外使臣來訪，也會讓京妓上場。不過這種國家級的活動並不常有，所以一般會被叫去高官貴族們的宴會，而這也是京妓主要的收入來源。京妓的人數一般在一百五十人到兩百人之間。

地方官妓表演歌舞的宴會，則主要由官衙或地方仕紳舉辦。有些則會去領有王命的欽差大臣或高官的枕邊伺候，她們被稱為「守廳妓生」。原本「守廳」意為官吏住在寓所時，留於廳舍聽命侍候，但這裡則又包含了同床共枕的部分。男女同寢之事，大致上都是發生在房內，因此她們又被稱為「守護房間的妓生」，也就是「房守妓」、「房直妓」或「房妓」等等。

隨著這樣在枕邊伺候的方式，妓生逐漸開始帶點賣春的味道，於是便有被稱為「賣身女」之意的「娼妓」出現。「娼妓」這個詞最初還有別於意為「女戲子」的「倡妓」，但之後也被逐漸混用了。

對地方官妓而言，「守廳」已經像是一種強制性的義務，如果拒絕會遭受懲罰。根據流傳下來的紀錄，拒絕守廳的妓生必須挨板子或鞭子，甚至因此喪命的都時有所聞。舉個例子，太宗時，羅州地區的判官崔植基（音譯），就曾命官妓名花守廳，但名花不願接受，最後慘遭鞭刑而死。

官妓中處境最慘烈的妓生是「房直妓」，為了部分被派駐邊疆的軍官，一些房直妓們還必須擔任二奶的角色，不僅照料他們日常生活，還得同床共枕。而且等到軍官們完成任務，返回故鄉後，她們又必須再跟其他軍官共同生活。因為房直妓的人數一直不足，有時官婢或私奴婢得遞補那些空缺，甚至出現婢女變成遊女的情況。遊女是情色酒家的賣春婦，一旦被記錄在遊女的名單中，就得一輩子作為遊女生存下去。遊女們收的是一種被稱為「王八債」的花酒銀，作為收入來源。其實房直妓和遊女並沒有太大差異，但妓生們主要接待的是兩班或中人階級，但遊女們則接待下層階級的人民。

根據郡縣大小不同，官妓的人數也有天壤之別。單位是「縣」的小縣城約在十人上下，「府」則是中間等級的城邑，官妓有二十人左右。據說《春香傳》一書裡，作為背景出現的南原都護府一共有十九位妓生，可作為參考依據。

至於各道的觀察使所居住的監營*，妓生人數約在一百人上下，其中妓生最有名的

*譯註：監營是朝鮮各道監司（觀察使）的辦公衙門。

地區在平壤。平壤自古以來便以美人眾多的城邑「色鄉」著稱，最盛時期妓生甚至多達一百八十人。

平壤的妓生之所以有名，是因為此處為中國使臣來訪的必經要道。迎接中國使臣隊伍時，需要動員許多妓生參與活動。其實，從地方被提拔至首爾的選上妓中，有許多妓生都出身平壤。所以官吏們也是有著既然要下鄉，就希望能被任命為平壤監司的想法，「平壤監司都不願意，也沒辦法*」這句諺語，便是由此而來。

不過，妓生人數最多的地方卻不是平壤，而是咸鏡道的北青。說到北青，也許很多人都會聯想到賣水人，但在朝鮮時代，北青是以妓生眾多聞名。位於北青的咸鏡道南兵營裡，所屬的官妓人數高達四百多人。但這並不代表北青妓生很受歡迎，因為她們大多數都是房直妓，是只得服務鎮守邊疆的軍官們而已。如前所述，房直妓的處境極為惡劣，妓生們最痛恨的就是被發派到北青。有一說是，北青人如果生了三個女兒，會把一個嫁到農家，一個賣給巫女，剩下的一個就賣給妓房作為妓生。這顯示了北青妓生中，許多妓生都來自當地的窮苦人家。

---

*譯註：韓國諺語，指無論旁人看來多好的事，當事人不願意則不能勉強。

震撼司憲府的妓生醜聞

能與妓生接觸的人，大部分都是兩班或權勢出身，也許因為如此，兩班和妓生之間產生了數不清的醜聞。比方因為拜倒在妓生石榴裙下，做出有違本分的舉止，也有不少人在官府中與妓生荒淫地玩樂，事後被發現並受懲處。權力能發揮功效的地方，就是妓生在的地方。就連清明廉潔的代名詞「清要職」（負責監察與諫諍的官職，主要指司憲府、司諫院及弘文館）也不例外。

我們來看一下朝鮮太宗17年（1417）閏5月22日記錄的《朝鮮王朝實錄》內容。

> 司憲府監察鄭旅、元郁以行臺會於水原。府使朴剛生邀旅、郁於蓮亭，烹羔置酒，張弓設的，召妓歌舞，命中爭能。至是事覺，憲司請罪，略曰：「旅、郁以糾察守令非法之任，當農月禁酒之時，先自犯令，反與守令飲酒歌舞，敢行非法，殊失行臺之義，請依律論罪。」於是王命罷旅、郁職。

鄭、元二人原為監察水源部執行公務而去，卻在那裡接受了酒宴和妓生的招待，事跡敗露之後遭到罷職。所謂「行臺」，意為「出行的大官」，也就是「行路御史」的前身。行臺監察隸屬朝鮮最具代表性的監察機關——司憲府，是地方官最害怕的官員。所以如果行臺監察出巡，地方官們就會大肆設宴招待，希望行臺能睜一隻眼，閉一隻眼；而這種筵席中最不可或缺的角色，就是妓生了。宴會結束後，地方官必定會送幾個妓生到行臺監察房裡。

在勢力如此龐大的司憲府中，不可能沒發生與妓生有關的醜聞。有時候，妓生甚至會被利用來處理官員們的爭端。同一年8月10日，司憲府執義權尚溫被彈劾的事件，也是其中之一。這一天，權尚溫在司憲府內遭到彈劾，內容如下：

權尚溫為內資尹時，方有酒禁，速客二三人及選上妓等，會飲於司憲部本寺。至是憲司劾之，尚溫答曰：「其上妓非予所喚，乃掌令金赭為直館時，會飲於監察房，因而率來妓也。」於是，掌令金赭及監察等皆避嫌不仕*。事聞，上命刑曹，推核以聞**。掌令李賀與尚溫有隙，欲不與同官，主謀而劾之。

*譯註：不仕，指不出勤。
**譯註：推核以聞，指君王知情後，命令刑曹查核。

司憲府執義是從三品，是正四品司憲府掌令的直屬上司，當時司憲府的掌令是金赭與李賀。李賀不僅不滿權尚溫當上自己的直屬長官，甚至還彈劾了權尚溫在當內資寺尹時，與妓生同席飲酒之事。過程中，比起飲酒違反禁酒令，彈劾內容反而更強調跟妓生玩樂的部分。仔細剖析內幕：權尚溫被任命為司憲府執義，於是他被邀請到司憲府，此舉等於是開歡迎會的意思。為了祝賀，前往的金赭在監察房喝酒就算了，甚至還帶上了妓生出現在本廳。事情變成這樣，李賀的立場就很為難了。他原本是要讓權尚溫無法到司憲府赴任，卻引火自焚，牽連到司憲府和金赭。

就算沒發生這件事，李賀和權尚溫之間早就已經有很深的嫌隙了。因為李賀剛當上掌令時，就曾被權尚溫彈劾，說他將接待客舍的石階挖出，挪為私用。當時權尚溫彈劾他的理由僅是依據傳聞，而且依照司縣府的規定，傳聞不得作為彈劾的依據，所以當時李賀並未遭受任何處罰。

但這次就不一樣了。李賀最後被拿掉司憲府掌令的頭銜，並送押義禁府審問。至於禁酒令期間，在司憲府監察房帶著妓生喝酒的金赭，也在刑曹調查後被罷黜；以大司憲為首的整個司憲府上下，都因為選錯了人（權尚溫）的緣故，落得拔官、受審的地步。權尚溫也因為飲酒受到審問，但隨後就被釋放了。以結果而言，李賀因為討厭權尚溫而做了錯誤的彈劾，卻等於讓自己，甚至讓整個司憲府都脫衣見了光。當然，此次事件的核心在於，司憲府官員因為私人感情濫用權力，而過程中不意外地又出現了「妓生」這個角色，這個部分也很耐人尋味。

蒙蔽雙眼，為愛欺君的明朝使臣

在權力匯集之處，妓生便是這樣一個不可或缺的存在；在接待中國使臣的時候也一樣。部分中國使臣不僅深陷妓生的魅力之中，還硬是找理由再訪朝鮮。太宗時訪朝的明朝使臣陸顒，就是其中之一。

太宗1年（1401）2月15日，王於後園林亭宴請眾使臣。陸顒初到黃州，喜愛名為「委生」之妓，至漢陽而不忘。禮曹公文召之，妓乘驛馬而來。是日適至，顒喜甚，極歡而罷。

前面的故事在講，明朝使臣陸顒訪問朝鮮，遇見了黃州的妓生委生。因為太喜歡她，到了漢陽之後仍念念不忘，於是官府最後將委生帶到漢陽，以安撫陸顒。故事到這裡還沒有結束，讓我們繼續看下去。

顒初次奉使訪朝，密與妓委生相約，將以奉使復來。返朝後，明帝問：「舊聞朝鮮事元朝時，以女樂惑使臣，今亦有乎？」

對曰：「無之。今朝鮮禮樂，與中朝無異。」

再奏：「朝鮮，產馬之邦也。若以綺絹市良馬，可備戎事。」

帝大悅，遣太僕寺左少卿祝孟獻，與陸顒攜綺絹至渤海。二人於此遇章謹、端木禮。章謹揶揄陸顒：「朝鮮有女樂，汝以無對，何也？予將上奏。」

祝孟獻以目使意章謹，曰：「使臣之賢否，乃外國論之。汝守清節即可，何責顒為！」

然顒懼，遂得心疾。

這是記錄在太宗1年（1401）8月23日《朝鮮王朝實錄》中的內容。從實錄看來，陸顒在第一次訪朝後的六個月內又回到了朝鮮。陸顒再次訪朝的理由只有一個，就是因為忘不了黃州的妓生委生。甚至還為了跟她再次相見，對皇帝說謊，也因為害怕事實被揭穿，殫精竭慮之後得了心病。拚了命也想和委生相見的陸顒，接下來的故事是這樣的。

王於太平館宴使臣。王欲還宮，陸顒上請欲見妓委生，王令委生入見。妓至，顒執委生手，泣曰：「嘗意不得復見而死也。」垂涕良久。陸顒病劇，夜欲自縊，左右止之，迎接官委員守望，不得稍懈。其後，顒病狂，夜半逃出，四更（凌晨一至三點），為巡官執而還館。

陸顒對委生的心意，已經殷切到決心一死的地步。他似乎覺得見到了委生，就死而無憾了。接著因為怕對皇帝說謊的事被揭穿，陸顒試圖自殺。幸好朝鮮朝廷迅速應對，阻止了事態惡化。但從這個事件，就能明顯看出陸顒究竟有多不安。陸顒幸運因為太宗的體諒，得以平安無事，之後也作為使臣多次到訪朝鮮。不過，關於陸顒和委生有沒有再次相見，並沒有留下任何紀錄。可能對陸顒而言，委生是讓人魂牽夢縈，命運般的緣分，但對委生來說，也許陸顒只是露水姻緣的一位客人罷了。

展開妓生爭奪戰

太宗3年（1403）11月27日，宋介石遭杖一百，被流放於合浦（現今的馬山）。實錄中是這樣記錄的：

宋介石愛妓陽臺，大護軍宋居信奪之。介石不勝其忿，投匿名書於趙英茂宅第曰：「居信欲殺英茂以作亂。」

英茂上秉，王召居信問曰：「仇汝者誰？」

居信曰：「以妓故，宋介石仇我。」

王命巡禁司（義禁府之前身）囚介石審之，果服。

介石有老母，聞於王曰：

「長子宋介臣早死，惟介石在，乞免其罪，以存其嗣。」

王哀之，免其死。命巡禁司曰：

「宋介石之罪當死，為其母而赦之，勿令因杖致死。」

在妓生陽臺被搶之後，宋介石就和宋居信就成了仇人。宋介石為了洩憤，想將宋居信栽贓為是要殺掉議政大臣趙英茂的殺人犯，但失敗之後，被關入義禁府，於是承認自己誣告了宋居信。宋介石的父親宋文中，是在太祖李成桂將軍時期，就跟隨在李成桂身邊的人物。太祖稱王後，極為讚賞宋文中的忠心，給他原從功臣*的待遇，並任命為左副承旨和豐海道按察使。宋介石出身於漢陽這樣一個權貴的家庭，自然會因為喜歡的妓生被搶走，而想要洩憤。

然而，宋居信也不是宋介石可以隨便應付的角色。宋居信為武將出身，當他還是郎將**時，對太宗李芳遠曾有過救命之恩。太祖4年（1395）10月13日，當時身為王子的李芳遠因叔父李和的提議，出外打獵時遭到獵豹攻擊。李芳遠遭豹咬傷，差點致死，後因宋居信向前營救，才驚險逃脫。太宗登上王位後，盛讚其救命之功，將宋居信升為佐命功臣四等，並下賜土地與田產。對於宋居信的功勞，實錄是這樣記載的。

*譯註：原從功臣，指跟著朝鮮太祖、太宗開國立下功勞的功臣，位階低於「正功臣」。

**譯註：郎將，指高麗時代正六品武將的官職。

王之在潛邸（王即位前居住的宅邸）也，獵於漢山之西，遇怒豹墜馬，宋居信躍馬而過，豹逐之，王得脫。至今，封於佐命之列。

宋居信是太宗寵愛的武將，也是佐命功臣兼軍器少監。相較之下，宋介石不僅無官職，還是個名不見經傳的小人物，只是倚仗著父親宋文中之蔭德的權貴罷了。然而太宗登基後，不僅太祖過去的臣子勢力已然弱化，宋文中也早已離世。假設宋介石想誣告任何人，就算不是宋居信，也必然是要賭上性命。因為一旦被揭穿，就很難免於極刑。但幸好，宋介石是宋文中僅剩的唯一一個兒子，最後得以保全性命，僅遭流放而已。

宋介石之所以賭命作出如此魯莽的行為，就是為了一解心愛妓生被搶走的怨恨。這種行動乍看之下非常幼稚，但在朝鮮社會中，像宋介石一樣為妓生問題賭上性命的男人並不少；這可說是一場「妓生戰爭」。參與戰爭的兩班士大夫中，更有許多都出身數一數二的權貴世家。

下一個事件也是圍繞著妓生，發生的兩班之戰。太宗8年（1408）4月29日，司憲府彈劾了江原道都觀察使趙勉，以及前任原州牧事庾龜山。彈劾依據則是由原州鄉校教授官申圖的告發。申圖為什麼要告發趙勉和庾龜山呢？一切都起源於與妓生之間的紛爭。申圖等於是舉發了自己的情敵，事件原委如下：

申圖擔任原州鄉校教授官時，非常喜愛某位妓生，但赴任原州牧事的庾龜山搶走了那位妓生。申圖因此向江原道都觀察使趙勉，舉證了所有庾龜山的不正行為，內容為庾龜山在明朝皇后舉哀之日，仍動樂宴飲。然而趙勉和庾龜山情誼深厚，對申圖的舉發無動於衷，還將他流配至尚州，命令橫川監務對他施以重罰。後來申圖再次向司憲府提出訴狀，最後庾龜山和趙勉二人皆被免職。

世宗13年（1431）發生的柳衍生誣告事件，也是妓生戰爭的一個事例。事情是的開端是柳衍生提出謀逆的誣告，實錄中是這樣記載的：

忠州人柳衍生，偽造署州人金士文、崔均等十人署名為書，詐稱柳政丞家奴，交與刑曹判書鄭欽之丘史（官吏的差使）亡匿。鄭欽之受其書見之，書曰：「忠清道都節制使、忠州牧使、判官、流配本州之金寶重、流配後居京外之梁汝恭，及提川、陰城、槐山守令等，群飲，向上發口不可道之言，陰謀叛逆。使梁汝恭、金寶重等造國印及六曹印，已下新朝政批，欲以今五月二十日向京。」

鄭欽之即上稟。請代言（須布王命之官職，承旨的前身）等遣人審之，王曰：「不聽受匿名書，已有成法，不可鞫審。」

代言等復奏：「此書署名明白，不可以匿名論。」

王從之，引見安崇善、李長孫於思政殿曰：「匿名書，不得舉論，太宗立法嚴禁。無他，凡匿名書，皆是姦徒謀欲陷人之術，若皆舉論，則姦人得行其術，而所得不及所失也。今日之事，卿等以為非匿名書也。予則謂納書者，匿不現身，是乃匿名書之類。」

安崇善曰：「呈狀之人，雖不得現，究其筆跡，則其人可得也。如此姦徒，必須窮推抵罪可也。」

王曰：「近日官吏不肯慎獄，多致失中，況此事，徒以筆跡致獄，亦難矣。」

就像這樣，世宗慎而慎之，千叮萬囑地指示臣子進行調查，他相信這是某人因痛恨忠清道都節制使和忠州官吏，而提出的誣告。果不其然，查明真相後，世宗的推測果然正確，柳衍生如此吐露了誣告忠州官員的理由：

「金寶重奪我愛妓芮城花，反倒疑忌於我，便與梁汝恭一同向都節制使告發吾之過失。節制使信之，欲定吾之軍役。且吾往義倉欲領米，遭牧使判官叱罵：『汝對妓而坐，乃心行不肖者。』乃逐我而不與。而槐山、陰城、堤川官守令等人，於節制使宴上，對吾妓芮城花，共訴吾過。吾以此含怨，因詐稱諸君謀叛。」

最後，柳衍生因此遭到處斬。在妓生之戰中落敗的一方，最終的結局是一死。像柳衍生一樣賭上性命展開妓生爭奪戰，最後結局淒涼的人們，在實錄中留下了數不清的痕跡。「小枝紅爭奪戰」便是其中一個最具代表性的例子。我們來看看世宗21年（1439）1月20日的紀錄。

日城君鄭孝全、同知中樞院事許晐、知兵曹事鄭宗誠、戶曹佐郎朴文規、行司直權希遂、司直趙乘、副司直趙誠山等，於宗廟祭誓戒後，會於領敦寧權弘之第，招妓小枝紅、金閨月等飲。小枝紅，鄭孝全所嘗奸者也，瑞山君李譓亦通焉。是日，李譓爭奪小枝紅於孝全，趙誠山、趙乘等阿諛孝全，以非罪杖打金閨月、小枝紅等，有傷。司憲府揭此事以啓，乃將孝全等下義禁府鞫審，又令宗簿寺審鞫李譓。

瑞山君李譓是讓寧大君之子，日城君鄭孝全則是曾任都摠制的鄭鎮之子，也是太宗女兒淑貞翁主的丈夫。說起來等於是宗親和駙馬兩人，因為妓生的緣故，像小混混一樣在大馬路上鬥毆。李譓和鄭孝全的職銜都因為這個事件被收回了。其實，李譓早已因為多次犯罪敗壞家門，聲名狼藉了。他還曾因一次酒後失手殺人，遭到流配，被降職為黃溪令。所以，當鄭孝全跟李譓一吵起來，趙乘和趙誠山就立刻站在鄭孝全那一邊，這也並非和李譓的作為全然無關。

不分身分高低，無數朝鮮男人就像這樣為妓生展開競爭。一旦發生妓生之戰，無論是宗親還是官吏，都會把面子和事後問題拋在腦後，賭上性命勾心鬥角，或是展開爭鬥。

無法拒絕的請求，所謂的枕邊風

既然身處金錢與權力交錯的中心，妓生也經常會有事拜託兩班、高階官吏。也就是睡前在枕邊喃喃道出心願，所謂的「枕邊風」。當然，如果事跡敗露，相關官員自然得被拔官，但儘管風險之大，官員們卻還是會聽妓生請求的理由，就是因為這真的讓人難以拒絕。來看看這個事件，當時是定宗2年（1400）。那年的5月8日，奉常寺寺丞金綣被流放至牛峯縣，其內幕如下：

金綣兼任尚瑞注簿，其愛妓名孝道，孝道欲官其甥吳天，綣托以宰相金需之請，授吳天散員職，門下府因上疏請罪於綣。

這是接受妓生請託，將其外甥任為散員，但因事跡敗露而遭受懲罰的一個事件。注簿是中央從六品的官職，散員則是在官衙中擔任會計的下級職務。簡單來說，就是身為中央官吏的金綣受到請託，偷偷任用了一個派遣的職員，卻被某人告發而暴露。金綣最後因此被流放。以拒絕不了枕邊風的誘惑而言，算是付出了相當慘痛的代價。

世宗22年（1440）6月18日的這個事件，也跟妓生的請求有關係。

司憲持平宋翠秉：「高得宗前日赴京（指明朝首都燕京）時，敢行不法，欺罔天（指明朝皇帝）聰，今又奉使日本，不悔前過，聽副使尹仁甫之請，詐稱金海官奴辛卜慣於船上，至煩上達。辛卜，尹仁甫妓之弟也。仁甫聽妓請托，請於高得宗，是皆不赦之罪，而今特原免，臣實憾焉。」

王曰：「高得宗前日所犯，已往不可追論也。今所犯小過，不必罪也。且仁甫父子，世有功勤，前日之罪仁甫，尚且追悔，今日之過，所當赦也。」

以上是曾出使明朝和倭（日本）的高得宗和尹仁甫，遭司憲府彈劾的內容。主要是在批判副使尹仁甫，因妓生妾（出身為妓生的妾）的請求，而拜託正使高得宗讓妓生的弟弟搭上往日本的船一事。直到朝鮮中期之前，使臣往來可以說是國家之間唯一的貿易手段，因此只要能加入使臣的行列之中，就等於是坐在了金山銀山上。因為只要在明朝或倭購入物品，回到朝鮮就能以翻上好幾倍的價格賣出。尹仁甫的妓生妾也是為了圖利，才硬是想讓弟弟加入使臣團一行。

當時的官吏就是像這樣，經常因為妓生的請求而向相關部門提出要求。這些請求的種類也很多元。來看看世宗21年（1439）3月21日，由司憲府所報告的內容。

「大小各品臣之妓妾及其子女中贖身者，不告主掌官，各自暗行請托，監司守令亦從其請，以亂邦憲，甚為未便。因此官衙賤者日減，州郡彫廢。請自今依教考核，妄冒贖身者，並勿論有無職，依本定賤役，以實州郡。」

也就是說，朝廷的臣子們常為了讓妓生妾和其子女轉為良民，向監司或首令提出請託，導致官奴婢的數量因此驟減，甚至嚴重到官府無法正常運作。在身分階級極為嚴格的朝鮮，賤人要成為良民是很困難的。偶爾會有妓生當上達官顯貴的妾，便可以成為良民，但她的位置則必須找私奴婢替補成為官婢。然而，實際上很多情況都是沒有遞補的私奴婢，就直接讓妓生轉為良民。過程是，向地方的監司或首令提出請託，而被拜託的地方官們就會暗中通融。

能獲得達官貴人們疼愛的妓生，雖然以身分而言不過是賤人，但她們的力量可不容小覷。朝鮮史上就有好幾位得寵之後，得以操弄權力的妓生。儘管，最後都免不了身敗名裂的命運就是了。

善讀君心的妓生們

妓生經常被稱為「路柳牆花」（殘花敗柳），意為「路邊的柳樹、牆角的花」，就是任何人只要下定決心，她就是能擁入懷中的對象，也是一種暗指賣春女的隱諱說法。這顯示出妓生一直遭到蔑視，她的存在被認為是人微言輕。

妓生還有另一個名字「解語花」，意思是「善解人言的花」。要探究這個詞的語源，就不能不提到唐玄宗與楊貴妃的故事。

明皇秋八月，太液池有千葉白蓮，數枝盛開。帝與貴戚宴賞焉，左右皆嘆羨。久之，帝指貴妃，示於左右曰：「爭如我解語花？」

唐玄宗所說的解語花，正是他的愛妃──楊貴妃。眾所皆知，楊貴妃是位傾國傾城的一代佳麗，因此解語花是象徵美人的一個形容詞，但用著用著，便逐漸轉為指稱妓生的詞彙。這是因為，許多妓生都擁有花容月貌的緣故。

妓生既是殘花敗柳，又是解語花，存在便是一體兩面。被稱為殘花敗柳時，就是被許多男人擁抱過，如娼妓一般的存在，但被叫作解語花時，形象好比勾住眾多男性心弦的仙女一般美麗。妓生們自然喜歡後者的形象。也許因為如此，妓生們的妓名多取自花朵、樹木、果實、香氣、月亮或仙女等美麗的象徵。

朝鮮第一妓生——黃眞伊的妓名，就取自「明亮月光」的「明月」；《春香傳》中登場的春香之母——月梅，也意味著月光照耀下的梅花。梅香、梅窗、雪中梅等妓生的名字，也都與梅花有關。甚至《朝鮮王朝實錄》中，也出現過好幾個直接以「解語花」作為妓名的妓生。

不亞於花、月，也有許多妓名是以「仙女」作為靈感來源，從擁抱北斗七星的仙女「七點仙」，到月宮仙女的「桂宮仙」，還有因為犯法被貶到人間的仙女——「謫仙兒」等，都屬於此類。除此之外，也有許多借用傳奇美人名字的妓名。比方借越國沉魚落雁之姿的西施一笑的「笑西施」，還有意為比楊貴妃更具美色的「昇楊貴妃」等等。

就像她們高尚且魅惑的名字一般，有一部分的妓生曾受到無微不至的待遇。其中也有和君王戀愛的女子，我們就來看一些例子。

朝鮮王朝後宮中，第一個出身妓生的女人，是太祖李成桂如初戀般的存在——和義翁主。李成桂因為策略聯姻的關係，娶了第一夫人韓氏（後追尊為神懿王后）和第二夫人康氏（神德王后）。康氏年輕又性格跋扈，對李成桂可說是為所欲為；在康氏如此鬥紅了眼的情況下，仍然無法讓李成桂放手的女人，就是這位和義翁主。她是第一個讓李成桂真正陷入其美貌並擁入懷中的女人。和義翁主叫「七點仙」，出身金海，她容貌出眾，名聲遠及漢陽。李成桂被七點仙偷走了心，最後與她同床共寢，生了一個女兒，便是日後與洪彥修之子——洪海成婚的淑愼翁主。七點仙後來成為太祖的後宮，被冊封為和義翁主。

至於太祖的次子，朝鮮第二代王定宗也非常寵愛妓生。他退位為太上王後，為了慰藉寂寞，在身邊放了一位名叫楚宮粧的妓生。以絕世美貌聞名的楚宮粧，除了定宗之外，甚至也曾與讓寧大君發生關係，撼動了整個後宮。讓寧大君除了楚宮粧外，也曾與鳳池蓮、七點生等妓生發生各式緋聞。

深陷妓生魅力之中的成宗也一樣，朝鮮中期文人車天輅編纂的野史集《五山說林草藁》中，描述了成宗與咸鏡道永興一位名為「笑春風」的妓生之間，所發生的故事。成宗聽聞笑春風是個「因春風而微笑」的美麗佳人，因此將她召入宮中，欲封為後宮。

一次成宗將她召至跟前，晃著酒杯問道：「今晚欲與君共度，意下如何？」然而，笑春風卻拒絕了成宗想讓她成為後宮的提議。成為君王後宮，代表一輩子都無法與其他男性共享情意，因此她表示不願接受宮闕生活。聽了這話的成宗，只是笑了笑，接著和笑春風徹夜舉杯共飲，吟詩作對。隔天，還賜她以錦緞為首的各式禮物。

能如此與君王共享情意的妓生並不在少數，其中最搶眼的女人自然是燕山君的愛妾——張綠水。眾所皆知，燕山君在朝鮮全國妓生中，只選出美色最出眾的女子們進宮，而在這些女子中拔得頭籌的女人，便是張綠水。張綠水曾是有夫之婦，她嫁給齊安大君的下人，生了一個兒子。之後她學習歌舞，成為妓生，擁有出眾的實力。尤其善於歌唱，不動唇齒，也能哼出清亮優美的嗓音。加上容貌和年紀相比，看起來稚嫩許多，據說三十歲時也看起來像十六歲少女般美麗。聽到張綠水傳聞的燕山君，便將她召入宮中。後來她生了孩子，接下淑媛的牒紙，被冊封為燕山君後宮，最終升為從三品的淑容。

張綠水和後宮其他的女人不同，她就像和孩子玩一般戲弄著燕山君，還把他當成下人般戲辱。奇怪的是，燕山君也對她的這一面為之傾倒。據說燕山君不管有多生氣，只要一見她便開心了。根據實錄記載，張綠水是「容色不踰中人，而陰巧妖媚，莫有比者。」

燕山君對張綠水的寵愛與日漸增。只要是她說的，什麼話都聽；只要能跟她一起，做什麼都開心。因此宮裡自然便出現了忌妒張綠水的後宮們，然而燕山君絕不容忍此事發生。最具代表性的事件是燕山君10年（1504），崔田香與水斤非事件。燕山君在將她們處刑之後，仍然無法洩憤，於是把被砍下的四肢懸於門上展示，並把遺體的各部位埋在不同地方，甚至還在墳上立下寫有罪名的石碑。

究竟這兩位宮女是何許人？又到底犯了什麼事，惹來燕山君如此狠毒的報復呢？崔田香和水斤非是曾獲燕山君寵愛的後宮。水斤非原本是私奴婢，後來被燕山君看上，於燕山君10年（1504）3月入宮；崔田香的出身不明，因當時燕山君在全國派遣採紅駿使，將無數的女人帶進宮裡，飲酒作樂，只要有看中意的女人，不論時間與場所，都會將她們納為寵妾；崔田香和水斤非就是這樣成為後宮的。但是在那之後約一個月，她們便從後宮被趕了出來。燕山君的旨意是如此解釋的：「婦人之行，以不妒忌為賢。今崔田香、水斤非等，奸凶驕妬，以梗內庭教化，罪不可赦。」

雖然兩位宮女被逐出的原因名義上是妒忌，但其實最決定性的理由是她們被懷疑陷害了張綠水。被趕出宮中的兩人各自挨了80大板，崔田香被流放到江界，水斤非則被流放到穩城。但燕山君並沒有就此罷手。在她們前往流配地那年的6月8日，他下令，以昭格署的官婢桃花為首，將崔田香、水斤非的族親全數擒拿。因為前一夜在都城的牆上，有人張貼了貶低燕山君和詛咒張綠水的匿名書。燕山君認為，這是崔田香及水斤非幹的好事。她們的族人遭推官柳洵、義禁府堂上官等人審問，但詳細的審問內容並未流傳下來，因為宮廷內部「事甚祕密，史官不得聞」。

崔田香及水斤非的族人中，沒有任何人認罪。光是有嫌疑被捕的人就有六十人，甚至連他們的鄰居共四十幾位都被抓去審問，仍舊無人認罪。後來，燕山君杖打崔田香、水斤非的父母及兄弟姊妹100大板，堂表親80大板，並將崔田香、水斤非的四肢及頭顱砍下，傳示於眾。兩個女人屍骨不全地被埋在孤島上，該處還立了刻有她們罪名的石碑。

燕山君如此殘忍的一面，將他自己領向了衰敗。忍受不了燕山君暴政的勢力們，以朴元宗為首發動軍事政變，最終讓燕山君落得了被罷黜的命運。隨著燕山君被廢位，張綠水的戲曲也來到了結局。她出身賤婢，成為妓生後登上了王的後宮，最終卻因身為暴君之妾，被綁在刑具上用刑斬首。

超越時代的先驅，明月黃眞伊

朝鮮時代識字的人口，即懂得漢字的人，僅占全國人口的不到5％。而能作詩的人更是少之又少。兩班中出身武科的臣子大多也不懂作詩，即便是文科出身，也有許多人作詩的實力搬不上檯面。

妓生是唯一在朝鮮時代，能以賤人女性的身分，作詩享受文學的一群人。至於詩作的藝術價值能獲得認可的女性，主要也都是妓生。閨房女子之中，能以文聞名的也就許蘭雪軒一人而已。若要在妓生之中選一位吟詩作對最出眾的人物，那必然就是開城名妓明月，也就是黃眞伊。來鑑賞一首她所留下的七言絕句。

相思相見只憑夢
儂訪歡時歡訪儂
願使遙遙他夜夢
一時同作路中逢

這首詩的詩題是「相思夢」，以口語來解釋就是「思念你的夢」。和現代詩句做比較，可能多少有些肉麻的部分，但考慮到朝鮮時代普遍的情懷，就能明白其內容及表現力都是非常傑出的。

評價漢詩時，並非單以內容評斷好壞。因為在敘述內容之前，首先必須嚴格遵守格律才行。尤其在唐朝之後興盛的近體詩，非常重視形式。這首詩是由四個七字句組成的七言絕句，相較之下格式較簡單；不過律詩的話則由八個句子組成，而且必須押韻，格式相當講究。押韻指的是必須在行的固定位置，有規律地加入發音相似的韻腳，而且要字數正確、內容有所連結，甚至還得押韻，是件不容易的事。想作漢詩，就必須在符合所有格律的條件下鋪陳內容，所以就算是稍微有讀書的書生，也會覺得很費力的。然而，一介妓生卻能作出如此傑出的詩，不得不高度佩服其才能。

黃眞伊也很擅長律詩，以下是黃眞伊留下的其中一首七言律詩：

蕭寥月夜思何事
寢宵轉轉夢似樣

問君有時錄妾言
此世緣分果信良
悠悠憶君疑未盡
日日念我幾許量
忙中要顧煩惑喜
喧喧如雀情如常

這首詩取第一句前四字，題為「蕭寥月夜」，是黃眞伊懷念舊愛蘇世讓時所作。蘇世讓是朝鮮中期的學者和文人，曾官及大提學。但與黃眞伊有所交流的人物，並不只蘇世讓一人。還有中宗時的大學者徐敬德，以及以風流聞名的碧溪守。黃眞伊之所以能與他們交流，不只因為她的美貌，還有她歌唱、奏樂、舞蹈、作詩等藝術能力非常出眾的關係。

黃眞伊是怎樣擁有這麼多種能力的呢？關於她的成長過程，因為沒有官方紀錄，我們只能倚賴野史。不過野史中有關她的故事也是五花八門，可信度並不高。根據記載，黃眞伊是由一位名為黃進士的兩班，和一位叫作陳玄琴的女子之間所生，也有一說是她是盲人的女兒。雖然從數量上看來，黃眞伊出身黃進士庶女的紀錄比較多，但從她一生都作為妓生活著這點看來，她是盲人之女的可能性較大。儘管自幼長於寡母膝下，卻熟讀學問及禮法，能力不亞於兩班家的女兒，表示她成長環境的物質上應是堪稱寬裕。八歲開始學習千字文的黃眞伊，十歲就能讀漢文經典，並且能作漢詩，展現出文學上的才能；她的書畫與伽倻琴實力也非常出眾。

作為一個美麗又傑出的大家閨秀，黃眞伊為什麼會成為妓生呢？根據野史記錄，是因為有位地方才俊，因為太過戀慕黃眞伊，最後死於相思病的關係。內情據說是這樣的：一位青年愛慕著以才華和美貌聞名的黃眞伊，但他無法告白自己的心情，獨自心焦憂愁，最後臥病在床。他的母親看不下去，於是去找黃眞伊的母親陳氏，拜託她接受自己的兒子作為女婿，但陳氏冷漠拒絕，並未告知女兒。最後青年病重身亡，而事後才知道此事的黃眞伊，則下定決心成為妓生。當上妓生之後的黃眞伊日漸聲名遠播，名聲甚至傳到了漢陽。

因為黃眞伊不僅容貌出眾，還能歌善舞，樂器、漢詩等都得心應手，當時的士大夫們要是能跟她共度一晚，都非常引以為傲。也許因為如此，留下了許多相關的逸事。

比方她讓面壁修行十年，人稱「活菩薩」的知足禪師破了戒；以風流才子聞名的王族碧溪守，也被她挫了銳氣；她甚至接近當代最了不起的儒學家徐敬德，嘗試誘惑但失敗，最後反而深受其學問與高潔品行吸引，拜徐敬德為師。黃眞伊就這樣和眾多仕紳交流，遊覽全國，期間留下了許多詩作。流傳下來的有《海東歌謠》（해동가요）和《青丘永言》（청구영언）裡，〈青山裏碧溪水〉（청산리 벽계수야）、〈冬至月長夜〉（동짓달 기나긴 밤을）等字字珠璣的詩句。

關於黃眞伊的晚年，雖然沒有正確的紀錄，但推測她離世的年紀大約在四十歲前後。據說她生前曾請求「我死後勿入棺，讓我成為螞蟻、烏鴉、麻鷹的食糧吧！」雖然這常被當作是她讓眾女子不要活得像自己一樣，所留下的教訓，但這些話反而被視為完整傳達了黃眞伊自由奔放的人生和詩意本性。她的遺體被埋在開城附近的長湍。長湍板橋里留有黃眞伊之墓，而且她住過的口井坡，據說也有湧泉。

以朝鮮第一妓生及詩人留名青史的黃眞伊，在離開世上後仍然是眾人戀慕的對象。愛慕她的後代人物之中，最具代表性的莫過於南人黨棟梁，許穆的外祖父——林悌。他在赴任西道兵馬使途中，曾刻意探訪黃眞伊之墓祭拜，並留下了這首時調：

青草鬱鬱 塚中長眠或臥
紅顏何在 僅藏白骨
舉杯無人相勸 哀也

청초 우거진 골에 자는가 ,누웠는가?
홍안은 어디 두고 백골만 묻혔나니
잔 잡아 권할 이 없으니 ,그를 서러워하노라

如此被朝鮮時代的士大夫們仰慕、憧憬與緬懷的黃眞伊，便與朴淵瀑布、徐敬德一起被合稱為「松都*三絕」，在歷史上留下了一筆。她超越了妓生賣笑歌舞的水準，開拓出新的藝術境界，是一位以自由戀愛超越時代的先驅。

*譯註：松都，今日北韓開城市舊名。

2 只應看著王的女人們，宮女

宮女是怎樣的人呢？

宮女們正如其名，是指在宮廷內生活及工作的女性們。然而，並非住在宮廷中的女性，就全都是宮女。根據《大典會通》，宮女是「宮中女官」的別稱，用來統稱居於宮內，有固定職位，並獲取俸祿的王朝時代的女性公務員。宮女大致可分成享有內命婦品階的女官，以及沒有品階的賤婢兩類。女官有「內人」（Na-In）和「尚宮」，賤婢則有「婢子」、「房子」和「水賜伊」等等。

女官是「宮中女官」的簡稱，也被稱為「宮官」，人們常直接稱呼女官為宮女。女官的品階自從九品到正五品為止，共有十級，每個品階都有固定的稱號。這些稱號只在特別儀式時使用，平常則僅稱呼尚宮或內人。內人原本是生活在宮內的意思，才會被稱為內人。大致上五、六品的女官稱尚宮，七品以下的則是內人。一般而言，進宮十五年以上可成為內人，成為內人十五年以上便可升為尚宮。當然，這種內規並非絕對的基準。

女官們通常會在四歲到十六歲之間進宮，在成人式前會先以見習內人的身分生活。每位尚宮負責培養一位見習內人，教授宮中禮節、語言、走路步伐等日常生活方式。在學習諺文與宮體*後，也會研讀《小學》、《內訓》、《閨範》和《列女傳》等有利於宮中生活的書籍。尚宮們一方面寵愛她們，另一方面也會嚴加訓斥或責罰。對見習內人而言，尚宮的存在就等於是母親。見習內人的行動半徑是被嚴格限制的，因此不得擅自離開住處，違反的話會遭到嚴懲。

見習內人中，有部分的女孩會綁羊角辮（새앙머리），所以又被叫做「生閣氏」**（小宮娃／생각시）。羊角辮是將頭髮分成兩股，編成辮子後再從尾端盤起，在頸部後方綁緊，繫上髮帶的髮型。這個髮型會像柳樹的枝葉般搖曳晃動，所以又被稱為「絲

*譯註：「諺文」是指朝鮮表音文字，現今韓國稱為韓字（Hangul），北韓則稱朝鮮字（Chosongul）；諺文為1910年前主要使用的舊稱。「宮體」是朝鮮時代，宮女所使用的諺文字體，又稱宮書體，特徵為線條細緻清麗，有端正小巧之美。

**譯註：羊角辮（새앙머리）韓文的前兩個字和生（생）有諧音，閣氏為內人、女娃之意。

楊頭」。見習內人並不是全都會綁「絲楊頭」，只有四到五歲，以最小年紀入宮，在至密（內殿）、寢房和繡房的小見習內人才會綁這種絲楊頭。其餘處所的內人大約七到八歲才入宮，髮型也是留一股的麻花辮。因此，「生閣氏」可說是在至密（內殿）、寢房與繡房之見習內人的暱稱。

歷經十五年左右的見習時光，就能升至內人，這時便享有品階及職掌，正式被授予女官職務。朝鮮時代的成人式「冠禮」，原則上是入宮超過十五年後舉行。因此各處所舉行冠禮的年齡就不一樣。有很多年紀最小的小內人們都是三到四歲就入宮進至密，所以到了十八、十九歲時便會舉行冠禮。其他處所甚至也有不少超過十五歲才進宮的內人，因此她們也會到三十歲後才行冠禮。

朝鮮時代的女性是不行冠禮的，儘管如此，宮女們卻能特別舉行冠禮的原因，是因為這個儀式對她們而言就像婚禮一樣。實際上，宮女們行冠禮就像舉辦婚禮般鄭重。行冠禮的宮女們會頂著大盤髮及貴重的花冠，身著華麗的禮服精心打扮。外衣由國家下賜，足衣（비선）或內裙等配件則由自家準備送入宮中。料理也由自家準備，各自準備僅次於婚禮的饗宴，敬祖禮拜。行冠禮之後，宮女就可以開始拿到俸祿，因此能得到經濟上支援的家人們，自然感到欣喜不已。所以宮女的自家會像嫁女兒般，準備

盛大的宴席，而且宴會的料理還會送進宮，獻給宮女的處所中身分最高的人。比方所屬大妃殿的宮女，就會將料理獻給大妃。

舉行過冠禮的正式內人，會被分配住在兩人一室的房間；在相同處所工作的內人不會被分在同一個房間。一旦被分在同組，在成為尚宮前都必須住在一起。換句話說，就是最久必須同居長達十五年的時光。房內也會各配一位打雜的下女，她們被稱為「房子」或Gaksimi（각심이）。成為正式內人後，不僅有俸祿，也能獲得品階。雖然內人們彼此間互稱「某某姐姐」，但其實各自都有官方固定的稱號。從這時開始，尚宮們也會從原本叫內人的名字，改為加上姓氏，稱「金家某某」，見習內人也會尊稱內人為「姮娥大人」（항아님）。

內人中還有一種被稱為「本房內人」的特殊角色。本房內人是王妃、世子嬪或後宮嬪妃從自家帶來的乳母或丫鬟，原則上她們除了侍奉自己的主人，不會有其他負責的工作。相對地，本房內人就必須和自己的主人生死與共，假使主人犯了罪，就得連帶成為罪人受死，或者遭到流放。因此，本房內人才是王妃或世子嬪最信任、最倚靠的人，也是真正意義上的「影子」般的角色。

成為正式內人十五年後，就能升為尚宮。從這時開始，就會被稱為「某尚宮大人」，品階也升至六品以上，宮中也會為尚宮另外準備住處。尚宮的住處會分配女婢「房子」及「針母」各一位，也可以從自己的親戚中選擇適當人選，當作幫傭使喚。像提調尚宮般地位較高的尚宮，就能使喚好幾位房子，也能像秘書般使喚內人工作。當然相對的，費用都由國家支出。原則上想成為尚宮，就必須在宮中生活三十年以上，所以人們才會說得成為「活著的鬼」才能升為尚宮。儘管偶爾有倚仗勢力，年資未滿就成為尚宮的人，但宮女們都稱這些尚宮為「嘴尚宮」。就是雖然嘴上說是尚宮，實際只不過是內人的意思。除此之外，也有特別尚宮；是指獲得君王承恩，並未獲得冊封的後宮。

現在來介紹一下非女官的宮女們。首先，「婢子」是負責宮女們跑腿和各種雜務的下女，她們是固定住在宮廷內的宮奴婢，由官婢中未婚女性中選拔而出。一旦被選為婢子，只要沒有特別命令，是無法出宮生活的。當然，她們也無法像女官一樣與其他男性成婚。婢子也分好幾種，其中文章婢子（글월비자）就像郵差一樣，負責傳遞宮女之間的書信。

接下來還有「水賜伊」（무수리）。水賜伊分為兩種，婢子出身的水賜伊，以及在宮外上下班的水賜伊。前者屬於宮女，因此禁止成婚，但後者則可以結婚。她們主要負責的工作是挑水，因此才被稱為「水賜」。因為宮中的井都在宮殿之外，所以要用的水都得一一挑進殿內，這繁重的工作就由水賜伊負責。水賜伊與婢子不同，不用在宮內生活，因此有出勤制度。她們大部分出身賤民或平民，進出宮廷時身上會配戴識別身分的牌子。一般是由尚宮從民間女子中挑選力氣大，會做事的人擔任。

水賜伊是可以成婚的。太宗14年（1414）6月8日，曾留下了水賜伊出勤制度相關的紀錄：「遂放宮中侍女十餘人。又問水賜女夫之有無，以十日相遞立番。」這是下令依照水賜伊婚姻與否，並替她們分組，使其每十日交替工作的意思。不過《經國大典》中曾提及水賜伊就算出宮，也不可與官吏成婚，這指的是水賜伊中有部分人是在年幼時進宮，像婢子一樣在宮內生活過的。她們雖然身分屬於水賜伊，但被認定為是婢子，所以出宮後也像一般宮女一樣，不得成婚。有一說是出身水賜伊，後來生下英祖的淑嬪崔氏，也屬於這個情況。

住在宮內的女子中，有一群人既非女官，也不是婢子，她們就是「房子」，她們也被稱為Gaksimi（각심이）或「房娃」（방아이）。一言以蔽之，她們就是尚宮們的個人幫傭。尚宮們在宮內有另外的住所，從起居到各種零碎雜事都由房子負責。房子的酬勞由國家負擔，但她們和婢子不同，並非官婢出身，而且大概都是由女官自己帶來的熟人、親戚或鄰居，因為她們必須有豐富的掌廚經驗，所以很多都是由結過婚的婦女擔任。當然，入宮時必須是單身。房子大致分為「半房子」和「全房子」，半房子是在固定時間內工作，相對地全房子則常住於宮內居所。

宮女們在做些什麼？

宮女負責協助王與王室成員的生活。為了符合這個宗旨，女官組織主要劃分為七個部署，每個部署有各自被分配的機能與任務。這七個部署指的是「至密」、「針房」、「繡房」、「洗踏房」、「洗手間」、「燒廚房」與「生果房」。

首先，至密顧名思義，負責宮廷內部最機密的事務。從王和王妃的性生活，到他們周邊保全和食衣住行相關的一切，都由至密介入。為了完成這些工作，必須與內侍府的宦官、內醫院的御醫、燒廚房的內人、供給食材的司饔院官員等密切合作。至密的另一個任務是負責籌備嘉禮*、祭禮、婚禮等各種宮廷宴會。比方說世子嬪行朝見禮（見公婆禮）時，至密不只負責拜見行禮等輔助新娘的工作，還要負責行口令，以及朗誦王和王妃、王大妃的教命。

至密的業務便是如此與王、王妃的日常生活密切相關，因此至密宮女的出身也必須格外地好。另一個原因是，至密宮女因承恩而成為後宮的可能性也比較高。因此選拔至密宮女時，大多盡可能從中人階級中選出。

針房是負責針線活的工作。不只是王和王妃的衣服，宮廷內需要的所有衣物皆由針房製作。繡房負責在衣物上繡花與製作各種裝飾物；洗踏房專門負責洗衣、熨燙、染色等工作；洗手間負責準備洗手和沐浴用水，在上漆的巨大漆盆中裝入熱水，讓王和王妃沐浴也是洗手間宮女的任務之一。除此之外也負責清掃內殿，管理恭桶、官房（移動式便盆）、痰盂，還有王妃出遊時在轎子旁服務，也是洗手間的工作。

燒廚房負責製作王和王妃的餐點，分為「內燒廚房」與「外燒廚房」。內燒廚房

---

*譯註：嘉禮，指即位、冊封等儀式。

負責製作會端上御膳桌（韓稱水刺床／Surasang）的各種食物與菜餚，又常被稱為「水刺間」；外燒廚房則負責製作各種宴會或祭祀的食物。因為宮內三天兩頭大小宴會、祭典不斷，宮女們非常忙碌。正餐之外的飲料或點心等，則由生果房準備，負責製作甜米露（食醯*）、茶果、糕點、各種粥類等等。

除此之外還有「僕伊處」和「退膳間」。僕伊處負責管理炕火，負責在寢殿生火或點亮內殿燈火。僕伊處隸屬洗踏房，但功能上是獨立的。退膳間算是一種中央廚房的概念，因為王所居住的大殿和燒廚房有一定距離，為了避免準備的食物冷掉，會在退膳間稍微加熱。退膳間也負責煮呈上御膳桌的飯，還要收拾用膳後的御膳桌（退膳），以及之後的洗碗工作。退膳間隸屬至密，因為管理御膳桌與王的安危習習相關。

前面介紹的七個部署在王、王妃、大妃、世子的住處都各有分配，至於嬪以下的後宮住處，雖然規模很小，但也會依相似形態分配數位宮女。各宮殿的女官組織大致分為尚宮和內人，但並非稱尚宮和內人，就都是一樣的。在宮女的世界裡，慣例上輩份比品階更重要，尤其是尚宮，基本上職位就等於輩份。尚宮依職位分成提調尚宮、

*譯註：食醯，指韓式傳統米發酵飲料，滋味清淡，甘甜解渴。

副提調尚宮、至密尚宮、監察尚宮、保姆尚宮、侍女尚宮等。這些在職的尚宮們，等於是女官組織的核心。

尚宮的最高位是提調尚宮。她們身受王命，在內殿主管大小事務，統帥著七百多位宮女，又被稱為「大房尚宮」。提調尚宮可以說是女官們的宰相，擁有極高的威信，連朝廷宰相要是隨意薄待她們，都得付出相當的代價。一般的內人是無法接近提調尚宮的，連達官貴人都必須努力打好關係，才能親近提調尚宮。史上還有幾位宰相和提調尚宮結下了義兄妹關係，由此可知提調尚宮的權勢之盛。

提調尚宮之下還有副提調尚宮。列於女官第二位的副提調尚宮，負責管理內殿的倉庫——下庫，要負責物品出納，也被稱為「阿里庫」或「阿里庫尚宮」。下庫中保管著王的各種寶物與貴重物品，因此持有下庫鑰匙的副提調尚宮，自然享有極大的權力。排第三的則是至密尚宮。至密尚宮又被稱為「待命尚宮」，她們總是像王的影子一般隨侍在旁，等待王命下達，因此有了這個稱號。

監察尚宮負責監視宮女們的行動，並做出評價，監察的對象主要是尚宮和內人們。監察尚宮也須負責懲戒犯錯或做出違法舉止的內人，她們能下的罰則輕至鞭打小腿，重則可以處流配之刑，因此對內人而言，監察尚宮的存在最令人害怕。

保姆尚宮負責照料王子與公主。東宮有兩位保母尚宮，剩下的王的子女則各由一位保姆尚宮照顧。侍女尚宮是隸屬於至密的尚宮，負責管理書籍和文書；也要服侍世子和世子嬪，向宗室和外戚傳達王的賞賜，也會前往王妃或王大妃的娘家作為特使。一般而言，受王命出外辦事的「奉命尚宮」多由侍女尚宮擔任。

沒有特別負責業務的尚宮就被稱為一般尚宮，她們被分配在各處寓所，統領著內人們，遵照各業務尚宮們的指示辦事。有負責業務的尚宮們，都是正五品的老鳥，一般尚宮則是其下的六品新人。這些尚宮主要被尊稱為「嬤嬤大人」（Mamanim）。

除此之外還有特別的尚宮，是獲得君王承恩的宮女，稱為「承恩尚宮」。如果她們誕下王的子女，便能得到後宮的位份，但因為後宮並不會給她們其他業務，因此承恩尚宮不能被視為有業務的尚宮。

嚴苛的選拔與訓練

一般來說，宮女們在年幼時就被選入宮內，朝鮮末期擔任至密尚宮的宮女約在四到五歲時入宮，不是至密的宮女也會在七歲以前入宮。甚至也有三、四歲還未斷奶就入宮的孩子。

儘管依照朝鮮法律，賤民也能成為宮女，但實際上幾乎是不可能的事。太宗時，一位名為觀音的宮女十歲入宮，但後來被發現其母出身妓生，便被趕出宮外。從此事看來，不只賤民，連一般庶女都不會成為宮女。英祖3年（1727）閏3月23日的紀錄中，也曾出現「抄良家女入宮，故巷間民家大為恇怯，有納賂圖免之弊」的內容。

舊韓末時期*尚宮們的說法也與其符合。根據她們的證詞，女官的至密、針房、繡房宮女們大部分是中人出身，還有每代皆世出為宮女的家庭。侍奉高宗的尚宮趙氏，也出身於至密尚宮世家；主要方式是將娘家兄弟的女兒帶入宮內承接職位，跟宦官們納養子，世襲宦官職位的方式很相似。

這顯示了並非所有宮女都由民間選拔，宮女中大多數是經由推薦後被選出，以下《英祖實錄》的內容也支持了這個論述。

＊譯註：舊韓末時期，指朝鮮王朝末期的「大韓帝國」時期。

「頃年以薦良民為宮女，命流配其人矣，今不悛舊習，又以兩班之庶女薦囑為宮女。即故府使金夏鼎之庶女，今僉使金周鼎之庶姪也。所薦人問名於內需司，俟定流配。」

——英祖5年（1729）9月27日

「宮人必選於內婢，不侵及良家者，先朝德政也。今往往侵及良家云，非仁政也。」

——《英祖大王行狀》

以上都是英祖時期的紀錄，但前後卻產生了矛盾。前者說將良家女兒推薦為宮女的人將遭流配，表示此罪並不輕，但後者卻顯示此事層出不窮。尚宮們的證詞也顯示宮女大多為良人出身，至密等重要宮人則大部分出身中人。

綜合以上資訊，各宮舍的女婢們雖然原則上由宮人中選拔，實際上似乎更偏好良人出身。隨著百姓們開始排斥讓女兒成為宮人，便逐漸改為強制選拔。至於至密、繡房、針房等身負重任的女官們，比起選拔，自然更可能是經由推薦入宮的。

那麼見習內人入宮之後，要經歷什麼過程才能成為女官呢？關於這點，無論《經國大典*》或實錄中都沒有相關紀錄。這意味著並沒有一個專門的教育機關負責培育女官。實際上小宮女們一入宮之後，就會被分配給各尚宮，接受師徒制教育。

對見習內人而言最重要的功課，就是熟悉所屬處所的工作。比方被分配到針房，就得協助正式宮女們的雜務、跑腿等等，接著從某一刻起當上助手，幫忙捲線、遞熨斗、準備針線包等工作。然後學習鎖邊、回針縫、壓線等針法，熟悉了之後便開始剪裁與製衣。被分配到內燒廚房的話，一開始要幫忙洗碗，記熟各種蔬菜穀物名稱，以及醬油、辣椒醬、大醬等醬料的種類。接著經歷挑菜和搬運器皿的助手期，學習調節火源、攪拌醬料、練習調味。除此之外也要學習御膳桌上的十二種菜餚與筷匙的擺放方式，裝飯的方法、器皿的擺放位置，記熟各種料理的特徵與口味，以及作法。

這些過程絕對無法在一兩年內結束，至少需要十五年以上的歲月。就算年份已滿，想具備高度的技術與經驗，便只能反覆練習。從這點來看，女官教育應該說是從入宮那天開始，直到因病或衰老出宮的那一天為止，都不斷持續著的。

*譯註：《經國大典》指朝鮮王朝的法典，為朝鮮立國基礎。

她們隱密且危險的愛慾，對食

宮女是只有王才能擁有的女人，因此她們不得接近王以外的任何男人。這樣的宮女們在宮廷內多達數百人；痴痴盼望著王的一個眼神，但最終因無法綻放而凋謝的女人們，比比皆是。這些宮女們幾乎可以說是「只看著王的向日葵」。

前面已經介紹過，宮女們入宮的時機大多很早，大部分四、五歲入宮接受教育，入宮滿十五年後行冠禮，正式成為宮女；這時的宮女們舉行的是沒有新郎的婚禮。當然她們的新郎就是君王，但王並不會參與這場形式上的婚禮。儀式結束後，宮女們就必須一輩子為君王守貞。

宮女們的一線希望，就是被王看上，得到承恩的機會。如果和君王同寢，懷上了孩子，就能接到後宮牒紙，真正重生成為王的女人。雖然成為王的女人是所有宮女的宿願，但能真正實現的人寥寥可數。大部分的宮人們只能作著被交待的工作，無法享受男女關係的樂趣便孤寂凋零。

也曾有過一些人對宮女們如此殘酷的命運舉起叛旗。其中部分的人享受著同性戀愛，但若事實被揭穿，將遭受嚴刑峻罰，可能被判死刑，或杖責一百大板，被打得半死不活。儘管如此，她們仍舊對著不是王的某個人吐露愛意，是一種不畏生死，跟隨本能行動的本質上的掙扎。宮女們暗地裡盛行同性戀愛，其歷史之久，甚至可以追溯至朝鮮三國時代，因此這樣的風氣不會輕易消失。至於相關的紀錄，我們來看一下英祖3年（1727）7月18日，趙顯命所上疏之內容。

> 噫嘻痛哉！自古宮人輩，或稱族屬，以閭閻小兒，宿留於禁中，或稱對食，與妖尼賤孀，交通於內外。此皆妖邪之人所因緣，奸詭之人所由售也。伏願殿下，峻其出入之防，絕其往來之路。

這裡的「對食」意味著同性戀愛。原本的對食，是宮女們可將家人或親戚傳入宮中，一起吃飯的制度。宮中不額外給予宮女休假，但容許偶爾讓家人或親友來住處拜訪。來訪的對象自然僅限女性，而此舉便成為同性戀愛情形越演越烈的原因。一般而言，當上尚宮之後，就會帶著房子和婢子展開獨居生活，所以這也成為一個適合對食的條件。內人時期，因為還有同房的室友，所以很難把外人帶進房間。

趙顯命的上疏中，提到「或稱對食，與妖尼賤孀，交通於內外」，這也是針對同性戀愛。世宗時期也曾有好幾次對食事件被揭露，相關人士都遭處杖刑。儘管如此，對食情況仍舊沒有根絕，一直到英祖時期都存在著。長久以來宮女們便是如此隱密地進行著對食。

偏好對食的女人們，又被稱為「石磨夫婦」。石磨的原理是在平滑的石頭間放入穀物將其磨碎，這個詞被用來隱喻女人貼合彼此性器官的接觸行為。就算不好此道，宮女們也有解決性慾的辦法。最具代表性的就是模擬男性性器官形狀的「男根木」；雖然它的實際用途並未確切流傳下來，但很可能是自慰工具，或是守護符的一種。

竟被君王以外的男人擁入懷中！

宮女們的離經叛道不僅限於同性戀愛，實錄中也曾出現不少宮女愛上君王以外的男人，甚至懷孕震撼宮廷的故事。

根據世宗26年（1444）5月11日義禁府的報告，宮女薔薇稱病出外，回到自家後和男人們一同玩樂。這事件的男人們是李仁和金敬哉；李仁設宴和薔薇一起飲酒作樂，並讓薔薇演奏了玄鶴琴。他的罪名是偷偷往來薔薇私家，不僅私相贈禮，還與她隔牆同寢；但記錄中並未留下兩人有肌膚之親或牽手的內容。也就是，這兩人等於是有戀愛關係，但薔薇的身分又是宮女，因此免不了遭處極刑。金敬哉則和一起參與李仁宴會的連襟鄭鐵拳、妻舅金有敦、金有章等人，同屬出席之罪。

世宗針對此事，輕罰了鄭鐵拳、金有敦、金有章三人；李仁流配至閭延*，金敬哉沒為茂昌**官奴。但不像這些人至少還保全了性命，薔薇則因為和不是君王的男人飲酒作樂，甚至有戀愛之實，而遭到斬首。她連一次都沒牽過男人的手，就沒了性命，命運真是坎坷啊！

世祖時期，還有個比薔薇更大膽的宮女，她名叫德中，偷偷愛慕著臨瀛大君的兒子、世祖的姪子——龜城君李浚，並且送了情書給他。這是世祖11年（1465）9月的事。替德中傳信的人是宦官崔湖和金仲湖；宦官們也知道這事非常危險，但似乎拗不過德中的熱切心意。龜城君將此事隱瞞了一陣子，之後判斷可能會招來大禍，便立刻將信

*譯註：閭延，今日北韓平安北道慈城郡閭延面地區。
**譯註：茂昌，今日北韓平安北道厚昌郡地區。

交給了父親臨瀛大君。臨瀛大君也認為，如果讓疑心病很重的世祖自己知道了事件全貌，王勢必會認為遭到奇恥大辱，於是和龜城君一同入宮，向世祖稟明事實。世祖將這事件的首要責任，歸給了宦官承擔。他認為就算德中寫了信，只要宦官拒絕，此事就不會發生。

最後世祖杖責崔湖、金仲湖，將兩人屈打成招，他們認罪之後便處以死刑。之後世祖傳喚宰相，說：「宮人之罪，亦已極矣。一以污宗親，一以害宦官，予當殺之，只以眼前久見之，故姑寬貸之，諸宰之意何如？」

世祖內心其實是不想殺宮女的，大概因為她是服侍自己已久的宮女，所以無法乾脆地處以死刑。然而，宰相們一致表示應該殺了德中，世祖不得已回道：「予當殺之。人君之心，應正大光明。」

但是世祖並沒有下令殺了德中，而是傳喚大殿內官金處善，對他說：「汝罪不貲，然罪魁已誅，即赦汝輩。」

這話乍看之下是原諒了宦官的過失，但另一方面，也意謂著要對德中之事睜一隻眼閉一隻眼。這是世祖為拯救自己心愛的宮女和姪兒所想出的策略，因為他知道如果殺了德中，就會讓被事件牽連的龜城君也難逃其罪。然而這個問題並沒有就此結束。

在世祖、睿宗過世，成宗剛年幼即位之時，大司憲李克墩便以此事上疏，請罪於龜城君。他表示龜城君身為宗親，卻不忠於君王，與王的女人——宮人私通，甚至曾言「臣等豈敢與浚共戴一天乎？」

李克墩之所以執意追究世祖時的舊事，為的是將龜城君逐出朝廷。龜城君是受到世祖寵愛的宗親，也是鎮壓李施愛之亂的功臣，曾位及領議政，是個年輕又有為的人物。這樣的人光是身在漢陽，對成宗而言就是極大的威脅，所以領導朝廷的韓明澮等人，無論加上什麼罪名都得肅清龜城君。李克墩背負著這樣的使命，進行了好幾次激烈的上疏。但當時垂簾聽政的世祖王妃——貞熹王后，並沒有接受李克墩的彈劾。然而，考慮到龜城君會對年幼的成宗造成威脅，她將龜城君流放至慶尚道寧海（現在的慶尚北道盈德），並修改了法律，使宗親無法再參與朝政。

除此之外，還有宮女越過單純的愛慕之心，捲入不倫的事件。顯宗8年（1667）5月20日，宮女貴烈因與男子私通，遭到誅殺。貴烈是王大妃殿的宮女，某天起肚子突然大了起來，周圍的人懷疑她懷孕，向王秉告，於是顯宗將她囚於內需司監獄。不久之後貴烈在獄中生子，在審問時吐露了實情。

驚人的是，孩子父親是貴烈的姊夫，書吏李興允。刑曹與承政院上奏表示當處絞刑，但顯宗無法原諒背叛人倫的兩人，命罪加一等，處貴烈斬刑。至於貴烈的父母也以知情不告之罪，杖責後遭流配。然而孩子的父親，也是不倫當事人的李興允卻銷聲匿跡，人直到最後都沒有抓到。

出宮宮女的悲催晚年

有句話說，宮女一旦入宮，就無法活著出宮。但實際上，宮女們卻絕不可能在宮內死去；要是偶發的意外事故導致宮女喪命，就會透過側門悄悄將其送出宮外。除此之外，所有宮女都必須活著出宮。宮女出宮有幾個理由，大致可以簡單分為三種。第一是宮女生病或過於年老，無法再繼續任職時；第二是國家發生災害或劇變；第三則是宮女犯罪。

宮女原本就是終身制，因此到死為止都會一直在宮內工作。年歲超過六十的宮人，只有平日會有工作，但若身體衰弱到連這都無法負荷，就會被送出宮外。而且即使年紀很輕，病重到無法正常工作的人也一樣。像這樣出宮的宮女就會被送回娘家，此時娘家家人就會獲得允許，能暫時進出宮廷。

發生嚴重乾旱或遇上洪水，或者宮內有劇變時，也會將宮女送出宮。這時一般是把年輕的內人送出宮，因為民間傳言國家的災變，是由無法成婚的處子們的怨恨累積而成。現在看來這是可笑的迷信，但在朝鮮時代，人們對此可是深信不疑。而且男性也不例外，每當國家有難時，也會讓宦官迎娶女子，建立家庭。

尤其是旱災，是最被認為由處子們的怨恨所引起，這種說法是很久以前由中國傳入。實際上三皇五帝時代之後，中原的歷代王朝只要一有旱災，便經常放逐宮女出宮。唐太宗在嚴重乾旱，蝗災猖獗時，曾親口吃下蝗蟲來激勵百姓們，同時並遣散了三千位宮女。這樣的風俗也傳到朝鮮，朝鮮太宗因為聽了唐太宗的舊聞，在太宗15年（1415）6月5日放出了幾位宮女；世宗也在即位元年（1419）時，將宮中的房子們送回本家。除此之外顯宗10年（1669）送出十餘人；肅宗11年（1685）2月29日送出二十五人；英祖26年（1750）年，將宮女四十五人送出了宮外。當然，以上都是因為旱災。偶爾也有不是乾旱，而是因其他特殊緣由便遣散宮女的情況。孝宗5年（1654）9月，某位宮女對自身的處境想不開便投井自殺，孝宗憐憫之下解放了宮女三十餘人。

雖然少之又少，但偶爾會有被遣散的宮女再次回到宮中的情形。這僅限於出宮之後無處可依的宮女們，宮內會同意她們在宮中生活。最具代表性的例子，是世宗聽聞太宗時，因旱災遣散的宮女們生活過於貧困，於是再次將她們招回宮中。

出宮的宮女中，甚至有人願意犧牲性命守節。正祖15年（1791）7月16日，曾賜宮女李氏「守則」爵位及「貞烈」之號。因為李氏被遣出宮後，大門不出，二門不邁，下定決心守節。內情是這樣的：李氏約十歲時跟著姨母入宮，曾當過某個後宮的至密內人，雖然出宮原因未知，但出宮之後，她便在破敗的草屋中隱居了十幾年，蓬頭垢面，不見外人。聽聞此事的正祖認為李氏守貞的行為值得嘉許，便替她立了牌坊（旌門），並下賜爵位及稱號。雖然以現代而言可能難以理解，但此舉在當時則獲得文武百官一致盛讚，連王都認為此事能登上《三綱行實圖*》，也無愧於古人。

另一方面，犯罪的宮女也會毫不留情地被趕出宮外。根據實錄記載，英祖10年（1734）9月27日，曾有個偷竊御器的宮女獲得減刑，判處流放島上。遭到流配的宮

*譯註：《三綱行實圖》在朝鮮世宗時編纂，收集朝鮮和中國故事中可作為君臣、父子、夫婦之模範的忠臣、孝子、烈女等事蹟，以畫冊搭配文字方式流傳讚頌。

女大多會成為官婢，必須服勞役，而且絕對不得成婚。如此出宮的宮女們，死後會被火葬，只有少部分能進入墓中。宮女們的墳墓主要設在首爾周邊，京畿道高陽市一代就仍留下許多古墓。

納宮女為妾的男人們

宮女們並非出宮之後，就是完全的自由之身。這是因為宮女一旦進了宮，就被認為是王的女人，因此不得再次成婚。儘管解放宮女的宗旨就在於要消除她們無法婚嫁的怨念，但實際情況卻並沒有完全獲得緩解。顯宗3年（1662）4月2日，承旨金始振上疏，請求讓宮女得以婚嫁。然而顯宗怒而不答，雖然金始振說的沒錯，但似乎無法接受。

既然情況如此，所以出宮的宮女之中，很多都只能成為兩班士大夫的妾；但這自然也是有違法制的。兩班如果娶了宮中遺散的宮女被發現，或者納宮女為妾，將被處以流配以上的刑罰，而且宮女也會遭受相同刑罰，並貶為賤民階級。儘管如此，以整個朝鮮時代而言，納遺散宮女為妾的情況仍時有所聞。

世宗21年（1439）5月15日，司憲府上疏：「別侍衛李英林奸出宮侍女，請依律處斬。」但世宗也許認為處斬過嚴苛，減刑後處了流配。雖然私通的宮女身分並沒有明確記錄，但想必是世宗時期旱災時被遣散的年輕宮女。

朝鮮初期，出宮宮女若發生私通問題，會遭受極重的刑罰，但到了燕山君時期，懲處的輕重程度便大幅降低了。燕山君6年（1500）2月16日，靈光郡守柳輯匿名告發韓恂與出宮宮女私通。韓恂是睿宗繼妃安順王后韓氏的弟弟，也是龜城君的小舅子，時任工曹佐郎。因為如此深厚的姻親關係，所以韓恂深得燕山君寵愛。儘管韓恂的確與燕山君曾寵愛的宮女私通，並納為私妾，但柳輯畏懼其名聲，選擇用匿名方式向司憲府告發韓恂。但事後投匿名書之人遭揭露，柳輯甚至因此畏懼潛逃。

燕山君便以柳輯「士風不美」，不堂堂正正卻選擇投匿名書為由，將柳輯「依大罪人例購捕」，並下令懸賞；但出宮宮女和與其私通的韓恂並未被問罪。燕山君被罷黜後，韓恂則被弘文館副提學李胤彈劾，才遭罷官。

燕山君身邊親近與出宮宮女私通，卻未被燕山君問罪的事件，還不只這一樁。同年，掌令童清禮與出宮宮女私通的事件被告發，燕山君下令：「已返家之宮女關係不再追究，勿再論議。」

燕山君8年（1502）1月9日，持平李孝敦上書彈劾洪伯慶，其中一項罪名便是與出宮宮女私通。燕山君不得已，處洪伯慶杖刑，並命其與宮女分居。然而之後洪伯慶卻趕走正妻，將宮女帶回自家，但燕山君卻將這樣的洪伯慶任命為參判。臺諫以此事上諫，燕山君逼不得已，只得說：「伯慶事，政丞亦言之，其換差（任命其他職務）。」僅此而已。燕山君之後並未追究洪伯慶或出宮宮女其他罪名，應該是認為和出宮宮女私通並非大罪。也或許是因為極度愛好女色，燕山君對於宮女問題也格外寬容。

另一方面，也有許多男性不只三番兩次私通出宮宮女，甚至還被發現納宮女為妾，丟盡了臉面。太宗時期的右政丞趙英茂，納了一個名為觀音的妾，司憲府以觀音出身宮女為由，對趙英茂提出彈劾。太宗的回應是觀音年方十歲入宮，之後被發現其母出身妓生，才五個月就被趕出宮廷，當時便應允她行婚嫁。雖然司憲府持續提出異議，但太宗到自始都不曾問罪於趙英茂。

除此之外，成宗的駙馬南致元也曾納出宮宮女為妾，受中宗照顧獲得赦免，但譯官張士元卻因同罪受罰。納出宮宮女為妾的事件便像這樣層出不窮，其中江陽君李瀗的故事，很是耐人尋味。

成宗17年（1486）12月20日，司憲府請令審理江陽君，表示江陽君違反宗親義理，私通出宮宮女並納為妾室，應問其罪。然而成宗是這樣回覆的：「《經國大典》言『放出宮女朝官作妾者罪之』，不知宗親亦例論朝官乎？問明勘校廳方以回稟。」

成宗此舉是想替江陽君免罪，但12月28日，司諫院獻納金浩來再次上奏。

「《大典》雖不別言宗親，實在其中（宗親也包含在朝官之中），豈有獨禁朝官而許宗親娶之耶？」

到了這個地步，因為沒有名分，成宗也退了一步，曰：「予當議諸大臣處之。」

此後成宗便無任何表示，直到大司憲金自貞上箚子*，主張問罪江陽君。

「江陽君以侍女為妾，實關大體，不可不管，請科罪並使其離異。」

然而成宗並未退讓，如此下令：「江陽事，不可聽也。《經國大典》不併稱宗親，何可罪也？（中略）……令於《經國大典》禁制條『朝官不得娶放出侍女』中，補入『宗親與』三字。」

*作者註：不具正式格式，僅簡略陳述事實的疏文；非表非狀者，謂之「箚子」。

就這樣，江陽君並未受到任何懲處，而且《經國大典》條文中，添加了宗親也不得娶出宮宮女的內容。

紅袖之變，化為戰爭的種子

宮女們也常被稱為「紅袖」。宮女中內人的衣袖尾端會染上紫紅色，至於尚宮的袖子則是藍色的，所以紅袖主要就是指前者。朝鮮肅宗時發生的「紅袖之變」，正是和宮女有關的事件。這是身為仁祖之孫，也是麟坪大君之子的福昌君李楨、福善君李柟、福平君李㮒的「三福兄弟」與宮女有染，甚至讓宮女懷孕的事件。孝宗極為寵愛三福兄弟，而且顯宗也像兄弟般友愛身為表親的他們。三福兄弟因此得以輕鬆地出入宮廷，也和宮女們累積深厚的交情。

「紅袖之變」表面看來像單純沾惹宮女的事件，但其實是政治上糾葛複雜的黨爭所造成的結果。這個事件是在肅宗1年（1675）3月12日，肅宗的外祖父——清風府院君金佑明上箚子後，才正式浮出水面。當時的肅宗才十五歲，即位不過七個月而已。王年幼即位，但沒有接受垂簾聽政，而是親理朝政，因此受到母后明聖王后極大的干預。明聖王后甚至還在便殿旁準備了位子，偷聽王與臣子的對話，對政事提出各種意見。她的目的是為了庇護身為西人勢力的娘家，而且當時的南人黨也對此大肆批判。肅宗接受了南人的批判，想擺脫母后的干涉，但明聖王后卻常以自殺作為要脅，在這情況下，金佑明便上疏告發了三福兄弟。

金佑明之所以告發三福兄弟，是因為他們不僅獲得肅宗信任，也與南人黨很親近。當然三福兄弟的確受南人出身的舅舅——吳挺緯、吳挺昌兩人影響，但並非只與南人黨親近而已。三福兄弟中的福昌君，甚至還是金佑明的甥婿。

其實金佑明有段時間也曾與南人親近，他雖然是西人，但因為和西人領袖宋時烈相互爭權，曾與南人合力牽制宋時烈。至於福昌君在這過程中，也曾是金佑明很大的助力。然而因為明聖王后私下干政遭南人攻擊，陷入困境，金佑明也選擇揮刀劈向南人，攻擊了三福兄弟。

根據金佑明上疏內容，三福兄弟從顯宗時期便開始與宮女有染。三兄弟中的福善君對女人不大關心，愛好飲酒，但福平君和福昌君分別與內人金常業、貴禮有染，並讓她們懷了身孕。金常業乃軍器寺書員金以善之女，貴禮則是內需司的婢子。

肅宗立刻傳喚領議政許積、吳挺緯等人，許積表示完全不知三福兄弟與內人之間的關係，至於承旨鄭重徽則言宮廷內部之事，外臣無須聞知。肅宗言明金佑明的箚子內容確為事實，而且三福兄弟中涉及此事的是福昌君和福平君。接著許積問牽涉內人所在何處，肅宗答：「此乃放黜宮女也。」許積又問福昌君和福平君是否真使內人懷有子嗣，肅宗答是，於是承旨鄭重徽便以此為本，寫下傳旨。三福兄弟的舅舅吳挺緯看著一切在眼前發生，跪地噓唏不已。

那天，下了審問四名罪人的命令，福平君、福昌君兄弟和內人金常業均被囚於義禁府，但內需司貴禮則沒有找到。原來貴禮已被明聖王后押走，正在鞭打審問。後來義禁府審問了四人，卻無人自首，於是眾臣紛紛上疏表示應依慣例請刑，但肅宗卻表示此事件冤抑曖昧，下令立刻釋放所有人等。然而編纂實錄的史官對此寫道：「此時，王已有所蔽（王有意欲遮掩之事），故處分如此。且判付（君王允諾臣子所請之事）未必出於王云。」寫下此文的史官想必是西人，才會說當時的處分並非肅宗之意，而是南人，或與三福兄弟關係密切的宮人所求。

無論如何，雖然肅宗釋放了他們，但事件並未就此結束。3月14日晚上，肅宗在宮內召見以金佑明為首的領議政許積、禮曹判書權大運、判義禁府事張善瀓、義禁府知事柳赫然、兵曹參判申汝哲、大司憲金徽、大司諫尹深，以及李夏鎮、吳挺緯、吳始壽、金錫胄等人。但金佑明及他的姪子金錫胄，還有三福兄弟的外戚吳挺緯及吳始壽則稱病不至。接著承旨鄭重徽將被召見的諸臣帶進夜對廳。夜對廳是王在夜裡召見大臣的地方。一般是撤去門扇，王於房中朝南坐，但這天卻不知為何沒有撤去門扇，王則在廳外朝東坐。大臣們的席位由兩位宦官設於西向。時已昏黑，於是點亮殿上燭光，大臣以下的諸臣們於廳下向東俯伏。奇怪的是，房裡卻傳出婦人哭聲，明聖王后坐在房內。原來召見臣子的人並非君王，而是明聖王后。

正當大臣們聽見明聖王后哭聲，惶恐不知所措之時，肅宗道：「予不知內間事，故慈殿欲言福平兄弟之事，出臨於此矣。」

但禮曹判書權大運回道：「此乃非常之舉，臣等不當入侍。」

許積接著說：「慈殿欲有下教之事，則臣等固當聽受。殿下宜入內，請止其哭」

說完之後，大臣們與坐在廳下的諸臣便離席，伏於堂下等待。肅宗進入閤內，待明聖王后止住哭泣後，便提起了福平君、福昌君兄弟與內人金常業、貴禮之事。內容簡述如下：因為顯宗極為寵愛福昌君兄弟，即使他們與宮女有染一事遭揭穿，顯宗卻擔心他們的生死，仍在煩惱如何處理時就離世了。但是肅宗年幼，不知其中曲折，便認為明聖王后誣陷了福昌君兄弟，實為冤枉。

當時的大妃——孝宗王妃仁宣王后去世時，福昌君和福平君入宮協助處理後事，福昌君便是此時和金常業看對了眼。明聖王后當時病重，原本不知此事，直到發現金常業對福昌君的態度有異，才感到奇怪。之後明聖王后命尚宮留意金常業的舉止，但福昌君仍舊時不時進出宮廷，與金常業相見。之後金常業稱病出宮，顯宗知道後擔心福昌君會跟她發生問題，命人速召回金常業，但金常業卻以各種理由遲遲不回宮。明聖王后成為大妃後，雖然曾向肅宗提起福昌君之事，但肅宗因幼時共度之情甚篤，雖然犯罪分明，卻仍想原諒他們。明聖王后立刻召來金常業審問，金常業逐一招了所有實情。接著明聖王后開始敘述貴禮與福平君的關係，內容如下：

貴禮之事，雖不目睹，醜言甚多矣。上年春，予病重垂死，先王方在罔極之中*，使福昌兄弟探問病候，晝夜在內。福平每索茶飲後輒留鍾**，貴禮往索，則福平曰：「每每索茶，何不親自持來？」仍握手戲之。終會於會祥殿月廊，強逼見從云。此乃先王之所親聞。

*譯註：方在罔極之中，指仍在悲痛之中。

**譯註：鍾，指茶杯。

領議政以下的臣子們聽了明聖王后所言，約定要按律處置四人，於是承旨鄭重徽便以此書寫教旨。大臣們詢問應當如何處置，明聖王后回答：「遠地定配可也。若至於死，則予所不忍。」然而，肅宗最後以死刑後減刑流放（減死定配）作結。十五天之後，南人勢力副提學洪宇遠上疏，表示明聖王后介入福昌君兄弟治罪一事不當，緊咬明聖王后越權。二十天後，李夏鎮於晝講時再次提出了這個問題，但在場的西人金壽恒，便主張應將四人交給義禁府，使其招供。南人與西人之爭就這樣延續了好幾個月，肅宗最後接受了南人伸出的手。同年9月16日，肅宗釋放了福昌君和福平君，下旨再次續用二人。

雖然肅宗會下這樣的決定，很大程度是受南人影響，但也有些人私下發揮了看不見的影響力。他們就是宦官金鉉、趙希孟和尚宮尹氏，這幾位和福昌君兄弟交情深厚，肅宗還是世子時，福昌君兄弟便常入宮玩，相處之下便也和內官親近起來。加上尹尚宮又是養育福昌君兄弟的保母尚宮，自然情分與旁人不同。兩位內官及尹尚宮都與南人關係匪淺，發揮了很大的影響力讓年幼的肅宗偏向南人。尹尚宮甚至在福昌君兄弟入獄後，立刻到王跟前哭喊：「何為殺此曖昧之人乎？」出身西人的史官們，在實錄中留下了內官與尚宮們合力救出福昌君兄弟的紀錄。

如上所述，紅袖之變就是南人、西人權力鬥爭過程中，由南人黨的福昌君兄弟與西人出身的明聖王后所引發的事件。肅宗沒有選擇母后明聖王后，反而站在福昌君兄弟這邊，也導致王與明聖王后之間的角力益發強烈。依明聖王后的意思處流配的福昌君兄弟，不過六個月就被釋放又再次續用，使得明聖王后的處境大幅惡化。紅袖之變最後等於是南人的勝利。然而，西人對福昌君兄弟的攻擊，並沒有以此告終。

肅宗6年（1680）4月，金佑明的姪子金錫冑，率先舉報許積的庶子許堅有心謀反，同時將與許堅親近的福昌君、福善君也一併誣陷為逆賊。由於西人如此反擊，所以許堅被凌遲處斬，福昌君、福善君則處絞刑；許堅的父親許積則遭拔官貶為平民；福平君因兄長之罪連坐，被發流配。至於幫助三福兄弟，站在南人這邊的宦官趙希孟也同被流配。南人黨就此大幅沒落，西人黨掌握了朝政，此事件被稱為「庚申換局」。

從西人立場來看，從紅袖之變開始對南人展開的攻擊，可說是藉由庚申換局贏得大勝。雖然這段期間宦官金鉉和尹尚宮都相安無事，但因為西人持續的攻擊，導致金鉉在肅宗14年（1688）捲入貪腐事件遭處流配，隔年又被斬首。始於紅袖之變的南、西人激烈黨爭，以西人大獲全勝告終。

朝鮮版灰姑娘，禧嬪張氏

朝鮮唯一以宮女身分成為王妃的女人，就是景宗的母親——張玉貞。張玉貞生於孝宗10年（1659），本貫在仁同*。她的父親張炯是司譯院的譯官，以中人身分任正九品副奉事。張玉貞是兄弟姊妹兩男兩女中的老么。幼年喪父的她，是在堂伯父張炫家中度過童年，實錄中也有記錄張玉貞是張炫的堂侄女。

張玉貞的堂伯父張炫不只是譯官，還是當時首屈一指的富翁。所謂政治，便是管理眾人之事，自然一定需要資金。也許正因如此，無論哪個時代，有錢人都會投注資金，大幅影響政治。張炫也不例外，他曾支援南人，當庚申換局後隨著南人失勢，張炫也落得被流放至咸鏡道的下場；這時張玉貞是二十二歲。從最晚必須在十七歲前入宮，才能成為宮女這點來看，張炫被流放時，張玉貞至少已經當了五年以上的宮女。肅宗12年（1686），張玉貞入了肅宗的眼，讓她在二十八歲，很晚的年紀成為王的後宮。兩年後，她生下王子李昀（後來的景宗），獲冊封為正二品昭儀。

---

*譯註：仁同，今日韓國慶尚北道龜尾市仁同洞。

其實肅宗有多位王妃，第一位正妻仁敬王后只生了兩個女兒，便早早離世；第二位正妻仁顯王后，在肅宗7年（1681），芳齡十五歲時成為肅宗繼妃，然而足足過了七年，都沒有生下孩子。張玉貞在這情況下生了孩子，肅宗的寵愛自然都投注在她的身上。

這對失勢的南人而言是個絕佳的機會。曾援助南人的張炫的堂侄女，居然生下了王子，這簡直像得到了千軍萬馬一般。況且肅宗在位十四年才得了一個兒子，李昀出生後兩個月，便獲定號為元子（沒有被冊封為王世子的君王長子）。這代表日夜盼望王子出生的肅宗，已經認定張玉貞的兒子就是嫡長子。之後張玉貞獲封為正一品嬪，賜封號禧，是為禧嬪。儀式大致上是按照元子長大後便能冊封為世子的程序進行，這同時也意味著南人勢力擴張，於是查覺到危機的西人黨，不得不開始反抗。然而，肅宗一等到王子李昀三歲之後，便迅速將他封為世子。

西人們拚了命地反對，肅宗因此將西人領袖宋時烈、金壽恒流配處死，也大舉肅清少論*勢力，於是大權回到南人手上。出身西人的仁顯王后也難逃一劫，肅宗15年

*譯註：依對待外戚態度不同，西人黨又分裂為老論派與少論派，「少論」對外戚持批判態度。

（1689）5月，肅宗廢黜仁顯王后，立禧嬪張氏為王妃。這是朝鮮王朝開國之後，第一次有宮女身分之人成為王妃的重大事件。不過隨著南人掌政時間變長，肅宗開始煞費苦心地想牽制其勢力。讀出君心的少論金春澤等人，便展開了仁顯王后復位運動。南人領袖閔黯則以此為由，彈劾並使數十位西人入獄。然而，肅宗批評閔黯對西人處分過嚴，因此罷其官職，處以死刑，還將南人的主要勢力全數流放。接著便依照少論主張，迎回仁顯王后，使其復位。在所謂的換局政治中，又讓西人勢力再次掌握了朝政。

隨著仁顯王后復位，張玉貞重新被貶為嬪，然而張玉貞的存在對西人勢力而言仍然是一大威脅。她的兒子就是世子，等到世子成為王之後，張玉貞自然會變得氣高萬丈。加上張玉貞屬於南人勢力，所以對西人而言，無論如何第一優先就是得除掉此人。

在這之後過了七年，肅宗27年（1701），曾遭罷黜而煎熬不已的仁顯王后逝世。仁顯王后的死意味著張玉貞又要重新成為王妃，使南人得勢。西人們賭上性命想除去張玉貞，於是接近了受肅宗寵愛的淑嬪崔氏。淑嬪崔氏出身水賜伊，有一個八歲的兒子延礽君（日後的英祖），西人為了阻止張玉貞與南人勢力重新掌權，決定支持延礽君。淑嬪崔氏也同樣為了兒子，不得不與西人共享利害關係，最終自行舉起了除去張玉貞的刀刃。

當時張玉貞召巫女入宮作法，在自己住的就善堂西殿設置了神堂。淑嬪崔氏向肅宗告發此事，並說張禧嬪在為害仁顯王后性命發願詛咒。憤怒的肅宗下令調查神堂，接著正如淑嬪崔氏所言，在神堂內發現了詛咒仁顯王后的文章。

肅宗將被事件連累的張禧嬪兄長——張希載，以及宮人、巫女等人一併處死，並下賜毒藥給禧嬪張氏。得寵於肅宗，由宮女升為後宮，又被封為王妃的張玉貞，就這樣留下許多軼事，結束了她的一生，享年四十三歲。張禧嬪生有景宗和早夭的兒子盛壽，她的墳墓安置於京畿道高陽市龍頭洞西五陵。

從水賜伊成為君王之母的淑嬪崔氏

張玉貞升為王妃，又再度被降等為禧嬪的背後，有著英祖的生母——淑嬪崔氏。淑嬪崔氏是張玉貞最強勁的情敵，也是政治上的對手。兩個女人因此賭上性命，展開慘烈的爭鬥，最後勝出的人是淑嬪崔氏。和王妃爭鬥，最終大獲全勝的這個女人，到底是個怎樣的人物呢？

淑嬪崔氏為崔孝元之女，生於顯宗11年（1670）。雖然世間廣為流傳她出身水賜伊，負責宮內的挑水工作，但根據日後高宗公布給宮女們的內容表示，英祖曾說過自己的母親是針房內人。當然，此言不知出自英祖還是高宗之口。以王室的立場來說，自然想要否認君王之母出身貧賤。

朝鮮時代的水賜伊，有很多都是已婚婦女，因為她們採出勤制度上下班，所以並不需要被關在宮內生活。從這點看來，主張崔氏不是水賜伊的意見也有幾分道理。不過，部分水賜伊和女官或婢子一樣，是在宮中生活的。在宮內生活的水賜伊同樣是年幼入宮，和婢子們一起生活，並且她們的待遇也相近。而且她們並不只做水賜伊的工作，也會被各處所吩咐跑腿，或者服侍女官，遭放逐出宮後也不能成婚。就是因為有她們的存在，水賜伊才會被視為是宮女的一部分。由此推斷，淑嬪崔氏的出身或許是生活在宮中的水賜伊。

無論如何，崔氏入了肅宗的眼，並得到君王寵幸。雖然不知道是以什麼方式被肅宗看上的，但她是朝鮮歷史上第一個成為後宮的水賜伊。肅宗也是唯一一個將宮女出身的後宮立為王妃，並將水賜伊出身之人封為後宮的王。這種獨特的女性觀，與出身賤婢的妓生張綠水生下子嗣，並封張綠水為後宮的燕山君，有著微妙的重疊。

崔氏被肅宗寵幸的時期並無明確記載，但從她在肅宗19年（1693）4月26日獲冊封為淑媛看來，可以推測應該是在肅宗18年（1692）年末或隔年年初獲寵幸。她被封為淑媛的契機是因為懷有身孕，至於她懷的孩子則是英祖的同胞哥哥，名叫永壽。永壽生於肅宗19年（1693）10月6日，但在那年的12月13日夭折。崔氏還來不及為第一個孩子的死感到悲傷，便又懷上了第二個孩子。肅宗20年（1694）6月2日，她還懷著第二個孩子，便由從四品淑媛，被晉封為從二品的淑儀。實錄對於崔氏第一次生子是這樣記錄的：「王子生，即昭儀崔氏出也。」這是有誤的，當時她的品階還是淑媛，一直到懷了第二個孩子之後，才晉升為比昭儀低一階的淑儀。

當時宮內正發生著巨大的變化，被逐出宮外的仁顯王后，在五年之後復位王妃。仁顯王后是在崔氏被晉封為淑儀的兩個月前，也就是四月時復位的。這對崔氏而言，就像得到千軍萬馬一般。蒙承君恩以來，崔氏便一直被當時的中殿*，也是世子生母的張禧嬪妒忌，甚至受到監視。但牢牢抓住肅宗之心的人，則是崔氏。崔氏生下第一個孩子之後，肅宗便逐漸遠離張玉貞；張氏越是欺負崔氏，肅宗對她就越是冷淡。最後肅宗將張玉貞趕下了王妃寶座，把她降等為嬪。

＊譯註：中宮是皇后居住的宮室，又可代稱皇后，至於朝鮮王妃在口語上的稱謂便是「中殿」。

受禧嬪張氏怨恨的崔氏，自然便和仁顯王后意氣相投，而且仁顯王后也因為膝下無子，得不到肅宗的關愛，能讓懷有第二個孩子的崔氏站在自己這邊，實屬幸運。崔氏的第二個孩子也是男兒，這個孩子生於肅宗20年（1964）9月20日，名為昑，他就是日後的英祖。隔年6月8日，崔氏升為貴人，從此開始就必須與張禧嬪展開艱苦的勢力鬥爭。西人們公然大肆支持王子李昑，至於禧嬪張氏則擔心自己的兒子會被趕下世子大位而煞費了苦心，同時也對崔氏和仁顯王后表現出明顯敵意。

在和張禧嬪角力的同時，崔氏懷了第三個孩子。雖然這次生的也是男兒，但在肅宗24年（1698）7月10日生下王子後，孩子卻不幸地當場夭折。隔年，肅宗將王子李昑冊封為延礽君，崔氏晉封為嬪，並賜封號淑嬪。之所以將後宮們的品階各往上升一級，是為了慶祝端宗復位*。崔氏也因此和張玉貞成為同等級的後宮。

兩年之後，肅宗27年（1701）8月14日，身為崔氏有力支柱的仁顯王后因久病辭世。對崔氏而言，等於是陷入了很難保全未來性命的處境。假如張禧嬪再度成為王妃，

*譯註：端宗復位，指肅宗24年（1698），原被世祖降封為魯山君的朝鮮第六代王李弘暐，再度被肅宗追尊為端宗，並為其舉行國家級別的祭祀。

崔氏則必死無疑。如果讓張禧嬪的兒子得到王位，不僅崔氏，連延礽君也不可能平安無事。

淑嬪崔氏不得不開始準備自救之道，為了生存，她果斷選擇了先發制人。當時，住在就善堂的張禧嬪經常召巫女作法，崔氏向肅宗告發這一切都是為了詛咒仁顯王后，想致其於死地。肅宗聽聞，立刻抓來就善堂的宮人和張禧嬪私家的女婢審問，最終導致禧嬪張氏喪命。憤怒的肅宗下令調查神堂，接著正如淑嬪崔氏所言，在神堂內發現了詛咒仁顯王后的文章。雖然整個朝廷對賜死張禧嬪一事爭論不休，但肅宗最後態度堅決，強行賜死。於是禧嬪張氏在與淑嬪崔氏的爭鬥中，悽慘地敗下陣來。

張禧嬪死後，淑嬪崔氏搬到梨峴宮。梨峴宮原本是光海君的潛邸，仁祖反正後，由仁祖的母親連珠府夫人具氏（後追尊為仁獻王后）居住，丙子胡亂後，則成為仁祖弟弟綾原大君的住處。梨峴宮在肅宗時期賜給了淑嬪崔氏，但在肅宗37年（1711），隨著淑嬪崔氏搬至延礽君宅邸居住，梨峴宮便由國家收回，理由是宮闕廣大，過於華麗，不宜讓後宮獨自使用。

淑嬪崔氏和延礽君同住了七年，在肅宗44年（1718）3月9日，她四十九歲時結束了一生。她的墳墓位於京畿道坡州市的廣灘，英祖坐上王位之後，將母親的墓升格，命名為昭寧園。雖然英祖晚年曾有各地儒生上疏，主張將昭寧園尊封為陵，但英祖認為這不過是他們為仕途的阿諛奉承，終究未曾更動。英祖即位後，淑嬪崔氏的父親崔孝元被追尊為贈領議政，她的祖父崔泰逸、曾祖父崔末貞也獲追尊了官職。正祖時，崔孝元的孫子崔鎮衡和曾孫崔朝岳、崔景岳、崔廷岳等人也被任用，獲得官職。

3 介於女醫與藥房妓生之間，醫女

女醫的誕生

朝鮮時代的兩班們，最喜歡納為妾室的女性職業是什麼呢？意外地，竟然是醫女。而且醫女也是官廳的奴婢們最嚮往的職業。究竟，醫女是哪個部分讓朝鮮的男人們心癢癢地想納她們為妾呢？至於官婢們又為何這麼渴望成為醫女呢？先來看一下醫女出現的過程吧！

醫女的本分是行醫，雖然身分是賤民，但因為她們是行醫之人，所以是朝鮮時代的女性中書讀得最多的一群人。朝鮮時代的女性中，很少有人會學習漢文，從這點來看，醫女可以說是最常接觸文字的一群女人。不管從前還是現在，行醫之人必須都必須下很大的工夫苦讀，畢竟人命關天之事，學得再多也沒有結束的一天。

朝鮮時代人們對待醫員的態度偏向輕視。雖然他們負責救人，是很重要的工作，但因為得擦血、擠膿，接觸全身是病的病人，讓眾人唯恐避之不及，因此醫員主要是交給中人或賤民擔任。在格外強調男女有別的朝鮮，男性醫員很難去治療婦科疾病，因此醫女就這樣誕生了。

為了協助婦女治病，醫女制度於太宗6年（1406）時建立。當時的女性因為排斥讓男性醫員檢查身體，就算生了病也不願意治療，因此有很多人死於疾病，為了解決這個問題，才計畫了醫女制度。根據《經國大典》記載，醫女三年選拔一次，每次選出一百五十人。其中實力出眾的七十人將分配至內醫院，剩下則配屬到各地方的醫院。

內醫院的醫女們因為可以進出宮廷，也被當成是宮女的一份子，但嚴格來說她們並不是宮女。因為醫女不僅可在宮外活動，也不像女官一樣有固定的品階。雖然醫女中有部分人在宮內工作，但並非長住宮內，而是採上下班的出勤制度。最重要的是，醫女與女官不同，可以成婚。在這些條件之下，醫女和意為「居於宮內的女子」的宮女，的確大不相同。不過，人們習慣上會傾向把內醫女們當成宮女，就像水賜伊也會被包含在宮女範疇內，但其實水賜伊中也有部分人不住宮內，出勤時才進宮，是一樣的道理。

第一次針對醫女制度研議的日子，是太宗6年（1406）的3月16日。這天，濟生院知事許衜上疏：

> 婦人有疾，使男醫診治，或懷羞愧，不肯出示其疾，以致死亡。願擇倉庫、宮司童女數十人，教以脈經針灸之法，使之救治，則庶益殿下好生之德矣。

太宗聞言應允，於是命選出女童十人，教導她們醫術。至於教育、培養她們的任務就交給濟生院負責。韓國史上最初的女性醫員就這樣誕生了！不僅中國，「女醫」在西洋史中也是相當罕見的職業。她們並不只是要輔助男性醫員，也作為專業醫員直接醫治婦科疾病，還負責診脈、施針、處方等專業工作。太宗時選出的十人中，有七人被培養成女醫，其中能妥善執行醫員義務的醫女只有五人。太宗18年（1418）6月21日，濟生院表示光憑這五人治療婦女疾病，人力依舊有限，因此要求再次選拔醫女。當時收到濟生院請求的禮曹是這樣報告的：

> 醫女共七名，成才者五名，諸處分遣，每不足焉。乞以各司婢子內，年

十三歲以下者十名，加定何如？

太宗同意了他們的要求，下令再次選出醫女候補十人。初期就像這樣，不定期選拔醫女進行培育。不過隨著對醫女的需求越來越高，便改為每三年定期選拔一次。就這樣，醫女成為了朝鮮時代官婢們最嚮往的職業。

從初學醫到御醫女

朝鮮初期，醫女教育由濟生院專責。但隨著世祖時代之後濟生院消失，便由典醫監和惠民署分工，負責教育醫女。教育部分成以文臣出身的兩位教授官為中心，下面再配置醫員，除此之外也有訓導官*負責輔助工作。

想成為醫女，一共要經歷三個階段。其中第一階段是初學醫，大概需要三年時間，醫女們在這個時期要透過《千字文》、《孝經》和《正俗篇*》等書來習字，接著學習

＊譯註：訓導官，指朝鮮時代典醫監、觀象監、司議院等處設有的正九品官職。
＊譯註：《正俗篇》作者為中國元朝的王逸庵。

《人齋直指脈》、《銅人鍼穴鍼灸經》、《加減十三方》、《太平惠民和劑局方》和《婦人門產書》等醫書，還要讀數學的《算書》。

初學醫期間的學業以下列方式進行：每月上旬由提調講解書籍，中旬則教導診脈及藥材，下旬教導穴位的位置。年末，提調會全面教導方書、診脈、名藥、點穴等等，並計算一整年在課業中得到的分數，依成績配置人員。如果成績不好，無法通過考試，就會刪減「奉足」。第一年減一人，第二年減兩人，如果到了第三年成績依然不佳，就必須恢復原本的身分——官奴。醫女回歸官奴所留下的空位，就由婢子中再選人補齊。所謂「奉足」，屬於朝鮮國役編制中的基本組織，算是一種公務員，會被派去協助國家事務的人的家庭。原本十六歲以上，六十歲以下的所有平民都必須服兵役，其中沒有被軍役動員的人，就會成為奉足；成為奉足的人，就得去分配到的家庭裡協助處理家事。醫女的家庭也會配給奉足，因此刪減奉足幾乎就像減薪一樣。初學醫期間，三個月之內得到三次「不通」的人，就會被送去惠民署作為「茶母*」；茶母期間還是成績不好的話，就必須送回原處所，重回官婢身分。

*譯註：「茶母」是朝鮮時代，在官衙中負責茶、酒接待等雜事的官婢；朝鮮後期，也開始被委任茶水以外各官衙相關的業務。

初學醫結束之後，就會成為看病醫。就跟它的職稱一樣，這段期間要協助醫員看病，熟悉病況。看病醫的修習期間並不固定，如果醫術超群，會被提拔到內醫院，沒有的話就必須到四十歲為止一直擔任看病醫。超過四十歲之後，如果沒有專職任務，則還是必須重回官奴身分。看病醫中，只有成績很好的四人每月都能領到工資。看病醫中能力出眾的兩人會被任命為內醫女，等到進入內醫院後，才能拿到俸祿。雖然沒有「祿田」，但也可能被任命為每一季都能獲得「祿俸*」的「遞兒職」。遞兒職是為了發給祿俸而設的臨時官職，職務年限沒有固定，並會依照一年四次的勤務評價發給祿俸，但不保障職位，等於是一種派遣職。授予醫女官職時也規定只能是遞兒職，這是因為《經國大典》的規定所致。朝鮮時代的武班職中，下級官職大部分都是遞兒職，而且技術官員或訓導官也是遞兒職。遞兒職分為「全遞兒」和「半遞兒」，全遞兒保障享有一年職位，半遞兒則以六個月為單位評價，來決定是否延長職務。

在內醫院中也表現出眾的醫女，就會被選為照顧君王的御醫女。大部分御醫女會由內醫女中最有經歷的人擔任，其中一部分的人甚至工作到超過六十歲。朝鮮時代最

---

*譯註：祿俸，指國家作為官員薪水支付的穀物、布帛等。

具代表性的醫女——大長今，就足足擔任御醫女二十餘年。

從產婆到警官，成為萬事通的醫女

醫女的基礎業務是照護病人，並以女醫身分為婦女行診脈與施針，也會扮演協助生產的助產士角色。但她們無法直接開藥方，只能透過男性醫員之手。因此醫女在婦科疾病上算是某種程度的醫員，但在其他部分則大多負責看護患者的角色。

然而，並不能說醫女的工作只跟醫療有關。中宗38年（1543）2月10日，兵曹判書任權、刑曹判書申光漢、捕盜大將金公奭等人，對於發生竊盜案件的原因與夜間巡視相關事務上疏，內容如下：

「盜賊若隱匿於士族之家，例事乃先啓後捕，而啓稟往復之際，不無逃逸之弊。今後以軍士先令圍立，婦人隱避搜捕後，方啓達捕捉與否。且有盜賊為婦人形狀而藏匿矣，使以醫女，察見婦人面貌，俾不得逃脫何如？」

如同上文所述，醫女們甚至也擔任女性警官的角色，而且醫女擔任女警的任務還不只這樣。朝鮮時代，國家明令禁止過度奢侈的嫁妝，但王室親族的婚姻則常發生嫁、聘禮過度的情況。要是這種事件被舉發，就必須搜查婦女寢室，但因為男人不得隨意進入，就由醫女代為搜查。至於宗親中若是有人假借母親或夫人生病為由，不出席宗學（負責王室教育的官廳），為了查核事實，也會將醫女派至宗親家中確認。

醫女的任務之一，還有負責為犯了罪的女性搜身，過程中要靠診脈判斷是否有孕在身。女性犯人若懷有身孕，就會延後執行刑罰，直到她生下孩子。主要是因為懷孕中如果遭到審訊，孕婦和孩子都可能喪命，所以女性犯人一定會經醫女們確認有無懷孕。還有逮捕犯罪的宮中女官，為她們送餐，確認其健康狀態再向上呈報，都是醫女的工作。不過犯罪的人若非宮中的內人或尚宮，而是婢子的話，就不需要醫女另外照料。若需抓捕後宮或年幼王子時，也是由醫女執行。光海君時代，將永昌大君抓來的人也正是醫女，並非女官。除此之外，還要負責為王妃或後宮守墓；王於夜間出宮，御駕夜行時也要拿著火炬侍奉；以及後宮離世時朗誦祭文等等，醫女負責的工作可謂數之不盡。

醫女又被稱為「藥房妓生」。這個稱呼始於燕山君時代，當時醫女們一起了參與惠民署宴會，並像妓生一般負責倒酒、助興等活動。當時醫女獲得的待遇比起一般妓生高出許多，被稱作「妓生宰相」。燕山君被罷黜之後，將醫女當作女樂（歌妓）的狀況越發頻繁，直到中宗12年（1517）8月25日，中宗下令禁止士大夫將醫女帶至宴會場合，但仍很難輕易改正。

醫女就像這樣，除了與醫術相關的工作外，還必須處理各式繁雜的業務。甚至偶爾也會出現上疏，指責過度動員醫女是不合理的。每次發生類似狀況，君王便會下令不准讓醫女另行他務，但自始至終還是無法解決這個問題。

不幸的婚姻生活

前所述，醫女們是可以成婚的。不過因為她們身分低微，極受輕視，所以也很難有個像樣的婚姻。大部分的醫女連擁有家庭生活都很困難，而且婚前就受到輕視，中宗24年（1529）7月20日結束的吳閏山事件，可直接展現出當時醫女所遭受的惡劣待遇。

吳閏山此人，有個前妻所生的女兒名為今伊。某天，今伊的肚子大了起來，被人發現有孕在身，於是村裡開始流傳奇怪的傳聞。讓今伊懷孕的人正是她的生父吳閏山。消息一傳出去，義禁府立刻派人拘捕吳閏山，因為生父向女兒伸出魔爪，可是天理不容的大罪。

義禁府除了審問吳閏山之外，另一方面也在探查傳聞的出處，過程中發現傳聞來源是吳閏山的第二位夫人觀南，以及她的女兒貞今。後來母女二人也被抓入義禁府，進行刑訊。調查之後，觀南和貞今表示曾目擊吳閏山將今伊帶進房內，脫下她的裙子行姦淫之事，並說吳閏山家中的長工車莫松也知曉此事。因此義禁府又審問了長工，車莫松表示他是從仲斤那聽來的。仲斤是吳閏山的堂孫，才十三歲。因為仲斤年紀太小，義禁府無法刑訊，為了嚇唬他，還把刑具準備好之後才開始審問。不過仲斤的回答是，一切都是被觀南和貞今指使的。

事情的內幕是這樣的。吳閏山對曾是內贍寺官婢的觀南非常苛刻，懷恨在心的觀南，便用今伊懷孕之事陷害吳閏山；她的醫女女兒貞今也一起參與此事。母女二人不僅和害怕今伊懷孕一事曝光的車莫松聯手，甚至把年幼的仲斤一起拖下水，曾是醫女的貞今如此說明了其犯罪動機：

「吳閏山以余為醫女，常時薄待，使勞於家內，不得出入，故陷害設計，以其女今伊通姦，虛事傳播。」

從吳閏山認為貞今是醫女有損顏面，不讓她外出這點，就能看出當時的醫女們有多麼受到輕視。身為官婢的觀南，也過著大同小異的生活。觀南因為此事遭斬首，貞今則杖責100大板，被流放到三千里外，處三年勞役。

《經國大典》中，有一條是「醫女為妾前所生子女，勿許為良人」，從這便能大概推測出醫女的婚姻生活。仔細觀察這句話，就知道很多醫女是在跟某人正式成婚之前，便已經懷孕。關於這點，來看一下成宗19年（1488）閏1月14日，成世明向成宗舉發的內容：

「醫女、女妓，本無定夫，其生子也，厭賤冒貴，以賤人之子，指為貴者之子。官吏從母之言錄案，便生事端。臣意謂醫女、女妓所生之子錄案時，問其父錄之，何如？」

根據成世明所言，醫女跟妓女一樣，常會發生不知丈夫為何許人也的情況。換句話說，就是很可能懷過好幾個男人的孩子。因此醫女們無論如何都會想拚命脫離賤婢身分，至於唯一的方法，就是成為兩班士大夫的妾。

醫女，為何是納妾對象的首選？

朝鮮時代的兩班們，非常喜歡將醫女納為妾室。醫女基本上很會照顧人的健康，加上會針灸、按摩，能讀漢文，腦袋又好。再加上美麗外表的話，就是錦上添花了。外表出眾的醫女，在兩班士大夫之間非常受歡迎，如果能將這樣的醫女納為妾室，就很讓人引以為傲。醫女對兩班而言，就像這樣是納妾對象的首選。

醫女無論在哪裡都是屬於官廳的奴婢，所以如果想納醫女為妾，就要把家中的婢女送去作為官婢，補上空位。如此一來醫女就能獲得良人身分，生下來的小孩雖然是庶出，但也屬於良民身分。大部分的醫女都認為能成為兩班妾室，就是最大的幸運。因此，也有許多醫女會與士大夫偷偷交往。成宗15年（1484）5月28日，史官對高彥謙之事下的評論，便能清楚呈現這種情況。

高彥謙，幼時赴西學讀書。庚寅歲，儒生結綵物色，置齋舍。一日彥謙得閒，偷綿紬數匹，藏懷中，不覺露出衣裔。儕輩見之，不忍發，但竊笑而已。有與彥謙善者，造其家，言之。彥謙曰：「我有所私醫女，欲贈之，行此不義。」

上面提到「有所私醫女」（有私通的醫女），其實當時對高彥謙這種年輕儒生而言，醫女們正是適合私會相愛的對象。雖然她們不像妓生一樣會明目張膽地倒酒、賣春，但卻比妓生更受到兩班們的歡迎。因為醫女沒有夫君，也不像妓女般為錢賣身，是可以隱密地互通情意的對象。就算醫女懷了不知生父是誰的孩子，世人也不認為這有什麼。也許因為如此，當時的兩班也就認為不必擔心會出什麼亂子。但要是真的喜歡，只要把家裡的一個女婢送去作官婢，就能納醫女為妾，所以兩班與醫女間的祕密戀情，對彼此都不是什麼壞事。

外表出眾的醫女也可能與王族相戀，最具代表性的，就是和世宗之子平原大君相戀的醫女栢伊。但因平原大君早亡，年僅十九歲便離世，醫女栢伊之後與李士平相戀，成為他的妾室。李士平是帶領對馬島征伐的李從茂將軍的三子，算是王室的遠房外戚。

世宗聽聞李士平將醫女栢伊納為妾室，大為光火。平原大君是世宗極為寵愛的兒子，但兒子喜歡的女人竟然被功臣的兒子，也是王室的外戚納為妾室，站在世宗的立場而言，簡直是忍無可忍。最後，世宗以姻親之間親近同一個女人，於禮不合為由，將當時身為繕工監正的李士平罷職了。

李士平其實已經預想到納栢伊為妾會被罷職，卻仍執意行動，由此可知，栢伊想必是個絕色佳人。栢伊也知道成為李士平的妾室將遭世宗厭惡，但也不能就這樣懷念著死去的平原大君，眼看年華老去。她成為李士平妾室的瞬間，就能擺脫官奴身分，也可以不用再當地位與妓生無異的醫女。再加上要是生下孩子，雖然是庶出，也能讓孩子擺脫悲哀的賤民身分。醫女們因為這些好處，紛紛希望成為兩班的妾室。

成為兩班妾室的醫女們，大部分都會繼續維持她們的職務。於是她們自然不得不經常接觸外人，因此時不時就會惹出事端。太宗13年（1413）4月19日，司憲府大司憲安省因犯私通罪，遭上疏請求罷職。安省原本就是知名的好色之徒，他被派為慶尚道觀察使時，還曾把以前在全羅道為官時寵愛的妓生玉壺冰，一起帶到慶尚道去。遇父喪也沒有把玉壺冰送回完山，因此引發了許多爭議。然而這次卻和義興三軍府摠*制李澄的妾室——醫女藥生私通，之後被李澄抓到，當場杖責。李澄明知對方是安省，卻佯裝不知行刑，應該是認為安省不敢張揚，畢竟對他也沒有好處。然而不久後東窗事發，演變成一群官吏彈劾司憲府首長的事態。

朝鮮時代的醫女們，就像這樣很難擁有圓滿的婚姻生活。世人把她們當作僅高於官妓的低賤女人，而且她們自己也因為貞操觀念不夠強烈，無法作為平凡人家的女子生存下去。因此醫女們常得扶養生父不明的孩子，或發生再婚多次的情況。就算好不容易成婚，也常會被欺負或拋棄。考慮到她們殘酷的處境，就不難想像她們為何會如此想成為兩班的妾室了。

身處緋聞中心

朝鮮男性們看待醫女的視線，可說是再隨意也不過了。醫女被當成只要下點工夫、攻略，成功之後就能肆意享受，也幾乎無後顧之憂的對象。也許正因如此，朝鮮時代的兩班源源不絕地和醫女傳出緋聞。甚至到了只要當上惠民署的官員，就被認為理所

＊譯註：摠，通「總」。實錄中記載的官職，漢字都用這個字，如摠制、五衛都摠府。

當然會和醫女們勾搭的地步。這種風潮在燕山君堂而皇之地把醫女當成妓生對待之後，變得更加嚴重。現在來透過幾個事件，了解朝鮮人看待醫女的角度及當時的情況。

典醫監和惠民署是有最多醫女的機關，這裡的官員們時不時就與醫女私通。中宗30年（1535）10月15日，大司憲許沆所稟之事，可說是最具代表性的一件。這天許沆逮捕了惠民署官員，並如此稟報。

近聞惠民署，久任訓導等人，抄率醫女與年少小各司官員及無賴惡少人結黨，逐日聚會，設辦宴飲。其醫女等，或受贈給暇（收禮、濫發休假）引弊，不可不檢舉，故囚久任訓導等人，處刑追究。

對於許沆如此處置，惠民署的官員們並沒有就此罷休。他們反擊許沆弟弟許洽的堂親李彥國也私通醫女烈伊，脅迫惠民署和醫女設宴，還屢屢要求給予醫女休假。換句話說，他們是在抗議許沆為了弟弟，才逮捕訓導官等人。許沆因此自請罷職大司憲，但中宗並沒有答應，反而下令拘提審問惠民署官員和醫女等所有相關人士，因為他認為惠民署訓導官們是遭到司憲府審問之後，才反過來要脅許沆。三天之後，10月18日，許沆率領司憲府掌令、持平等人，一同稟報中宗。

「臣等昨日審問醫女烈伊，此事與醫女世今、莊伊有關。據烈伊所言，齊陵行幸時，訓導李世榮等人與李彥國及其他無賴之輩，招醫女四五人致惠民署，晝則縱飲自恣，夜則各自率領回宿。」

然而此事上秉之前，在司憲府將呈給君王的上疏送到承政院的過程中，發生了意外。原本司憲府寫下「簡書」之後，慣例是交給書吏，讓司憲府所有官員傳閱，但在回來的路上，書吏手中的簡書差點就要被搶了。書吏在黃昏時走到典獄署巷口，被一個身穿長衫的年輕人擋住了去路。接著就有一群他的黨羽圍住四周，對書吏拳打腳踢，硬是要搶走司憲府的簡書。這時城上所（負責傳達司憲府、司諫院相關公務的機關）的李頤正好帶著手下經過，目睹整個狀況，於是逮捕了這些人。

威脅司憲部書吏，想搶走簡書的人是禮曹典客司書員許叔同之子，許崇祖。調查發現他就是那天和醫女飲酒作樂的人之一。他得知司憲府在調查醫女之事後，為了先知道調查內容，便跟蹤司憲部書吏，想在偏僻之處搶走簡書。最後，中宗處罰了所有相關人士，並下令絕不可再次發生類似事件。

至於醫學教授與醫女之間，也曾發生多起私通事件。成宗時的醫學教授趙枰，平時就性慾旺盛，行為舉止不良，最終與典醫監的醫女有染。簡單來說就是老師和弟子發生了不正當的關係，而且這是被法律嚴格禁止的事項。趙枰因為東窗事發遭到罷職，大司憲宋瑛表示趙枰為人「所行多不謹」，以醫學教授身分姦淫醫女，罪行惡大，應該加重懲罰。成宗接受了宋瑛的意見，下令嚴加審問，並處重刑。

前面的兩個事件，是在典醫監和惠民署發生的最典型的私通事件。皆因主導者濫用職權而發生，是因醫療機關內部權力關係而引起的一種性接待事件。不過，醫女通姦事件並不只發生在醫療機關內部。中宗時有位順天府使，名叫金麟明，他被任命為順天府使時，就把在漢陽時喜歡的醫女真今帶去了順天。因為醫女屬於官婢，不能隨意更換居住地，也不能被官吏私下帶來帶去。金麟明便拜託了任實縣監柳近，希望他協助偽造真今住在任實的文件，不久之後，刑曹發現真今失蹤，追蹤之下才曉得真今去了順天。金麟明因此事被拔官，柳近也遭罷職。為了跟醫女相戀使出這種詭計，最終落得家門衰敗的下場。

成宗5年（1474）6月，錄事崔彥珍與有夫之婦的醫女貴今私通，遭司憲府調查。偏偏那時正好成宗王妃恭惠王后去世，是國喪時期。國喪中通姦罪加一等，崔彥珍因此被褫奪錄事告身（職牒），杖打60大板；貴今則被杖打100大板，剝奪醫女資格。國喪中被發現私通的人，還不只這位。世祖時期的崔末哲不僅在國喪中與多位妓生玩樂，甚至父喪時，也通姦醫女月非。事後過了一段時間才被揭發，他同時背上不忠、不孝之名，於是遭到罷職，發放流配。該說，犯錯也要挑對時機嗎？

也有人在國喪中將手伸向醫女，卻幸運地逃過一劫。成宗的女婿李涵在成宗駕崩的隔天，便和醫女同寢，東窗事發後李涵遭到彈劾，但燕山君並沒有處以任何罰則。其實因為燕山君和李涵很親近，因此私通醫女這點小事就對他睜一隻眼、閉一隻眼。其實燕山君時期發生的私通事件，會因為犯罪者不同而有不同的處置，是燕山君喜歡的人就輕饒，他討厭的人則會被嚴刑重罰。

跟醫女私通的事件中，也有比較特別的例子，燕山君時期發生的奴僕末乙金事件就是其中之一。末乙金是海南地區的私奴婢*，因為犯了罪被囚於獄中。但他卻和照顧罪犯健康的醫女銀金犯了通姦罪。雖然沒有詳細紀錄一介罪犯是如何與醫女發生關係

*譯註：「私奴婢」是奴隸階級之一，泛指奴隸，非單指女性。

的，但從紀錄上看，不寫強姦，而是通姦罪，就知道兩人之間勢必有情分存在。然而銀金因此事遭斬首，一次錯誤的戀情，就賠上了性命。

以醫術留名的醫女們

在實錄中留下名字的醫女，大部分都是被不好的事情所連累；而且大多是一些通姦，或被兩班納為妾室之後出現的問題。然而，也有因醫術聲名大噪，在實錄中留名的醫女。雖然少之又少，而且留下的紀錄也不多，不過我們還是來仔細探討一下這些實際存在的醫女。

朝鮮時代的醫女之中，留下最多紀錄的人物正是中宗時的大長今。大長今是唯一一位當上君王主治醫的醫女，中宗直到最後都把自己的健康交在她的手上，是中宗極為信賴的醫員。大長今第一次出現在實錄的日期，是中宗10年（1515）3月8日。當時司憲府主張應將醫員河宗海押至義禁府，因為中宗的繼妃章敬王后在那年的2月25日生下了元子（日後的仁宗），產後卻因疾而亡，需要究責的緣故。中宗的結論是，河宗海並非擅自用藥，而是依醫女所說的症狀處方，若將河宗海押至義禁府審問，實為不當。這時被提到的醫女，裡頭就包括大長今。

司憲府主張大長今未妥善治療王妃，自然應當受罰。然而，中宗表示大長今在元子出生時立下大功，本應行賞，卻因突然發生大故（指王或王妃過世）無法執行，不能行賞也罷，但絕不能加以刑杖。3月22日，臺諫上奏：

「醫女長今之罪，又甚於河宗海。產後更御衣時，若奏請止之，則豈致大故？刑曹依律論處時不用正律，又命贖杖，甚是不妥。」

不過，中宗始終沒有處罰長今。

七年之後的中宗17年（1522）8月15日，大長今再次在實錄中登場。這天，中宗表示慈順大妃原本就有中風症狀，又染上風寒，雖然已經讓醫女診治，但未見好轉，於是召醫員河宗海、金順蒙兩人，命他們加入治療。9月5日，大妃的病情好轉，於是王便賞賜了治療大妃的醫員河宗海、金順蒙，以及醫女信非和長今。信非、長今各自得到了米和黃豆各十石。

以此事為契機，大長今開始專任中宗的治療。中宗在位的第19年（1524），12月15日，中宗賜給大長今全遞兒職，並且命她專責自己的照護。大長今從此成為中宗名符其實的御醫女，也是主治醫。然而，大臣們對於一介醫女竟為君王主治一事非常看不慣，每當中宗龍體欠佳，就會責怪是大長今醫術不精。我們來看一下中宗27年（1532）10月21日，內醫院提調張順孫和金安老的上疏內容：

「上體未寧，雖風氣之所致而然，其常時禁忌之事，皆當　之。今以醫女診脈，未安於心。醫女之術，不能如醫員。請使醫員入審何如？」

當時中宗的病情不見好轉，而且內醫院提調們信不過大長今，方出此言。中宗尊重他們的意見，於是傳河宗海、洪沈入殿診脈，但病情依然沒有起色。中宗因為風寒之故，感到右脅浮腫，而且深受腫痛所苦，大臣們上疏表示治療不能光交給醫女和醫員，要由宰相們親自入大殿，確認病症才行。然而中宗認為，如果讓宰相出入，史官也必須一同入殿，反而有礙治療，於是拒絕。

這腫脹之症，數月未消。大臣們對此驚擾不已，議論紛紛。中宗28年（1533）1月9日，中宗如此解釋了自己的病情：

「予之腫症，當初刺破時，針穴不廣，惡血未盡膿出，數處成塊未膿。近日連貼太一膏、琥珀膏、救苦膏等膏藥，腫塊處，亦膿水連出，非他處新膿也。」

此時大臣們提議，其腫處已為死肌，更無成塊之理。應請令大長今，診候用藥；中宗接受了這個意見。一個月之後，中宗的腫塊痊癒了，這次治療有功的人有醫員河宗海，以及醫女大長今、戒今等人。中宗各自賜給大長今和戒今米、黃豆各十五石。

大長今再次出現在實錄，是在中宗39年（1544）2月3日。此時中宗的病情極為惡化，他當時已是57歲的老人，而且長年來深受中風及相關併發症所苦，已經到了無法挽回的地步。中宗這樣描述自己的病情：

「去夜滿身出汗，故熱不如初，無須頻頻進藥，觀勢進藥即可。但累日進藥，則氣候漸弱，進食不如常，日數若久，亦可疑慮。且聲嘶多汗，故用藥之意，醫女知之。醫員當欲頻見，別無大證，故不使也。小小議藥事，從醫女傳言，議之可也。」

中宗言及的醫女正是大長今。當時中宗只把自己的治療交給大長今負責。綜觀整個朝鮮時代，這種事幾乎可說是空前絕後，顯示出了中宗對大長今的無比信任。

幾天之後的2月7日，內醫院提調向中宗問安：

「大致雖有起色，然日數已久，猶未快差，醫女診脈，豈如醫員之精微？請令醫員診脈。」

中宗答曰：「諸症已癒，飲食漸如常，然微嗽未殄而已。過今明後，醫員可退去，不須診脈，卿等亦勿問安。」

中宗應證了自己的話，在兩天後康復，並賞賜了醫治自己的醫女大長今和銀非。

不過，中宗的病並沒有完全痊癒，身體總是感受到寒氣，大小便也不順暢。那年10月，中宗病情惡化，10月24日，內醫院提調洪彥弼問安，並奏請替王處方及診脈：

「聖上症狀固為無傷。但因冷氣至於如此，進服蟠蔥散為當。大小便不如常，亦下部積冷而然，以鹽與蔥白，盛於袷袋，熨治何如？且醫女雖入診，然以淺見，何能知之？請令朴世舉診脈。」

中宗回答：「蟠蔥散即可劑入呈上。鹽蔥，則現已用熨，當更觀症勢，乃令醫員診脈。」

從這話就能看出，比起醫員們，中宗更加信賴大長今。大臣們為此不滿已久，他們認為王只聽信一介醫女之言，無視醫員，一有問題就趁隙攻擊醫女。儘管如此，中宗仍然相當尊重大長今的意見。

隔日，議政府、中樞府、六曹、漢城府堂上及大司憲等人向中宗請安，中宗令大長今說明病情，大長今向大臣們說明：

「昨夜三更，王入睡，五更，又暫入睡。且小便暫通，大便，則不通已三日。」

醫員朴世舉、洪沈聽了此話，替中宗診脈，發現左手肝腎脈浮緊，右手脈微緩。醫員們議論處方後，決定以五苓散加麻黃、防己、遠志、檳榔、茴香，服藥五帖。直到10月29日，才解便成功，中宗大便不通的時間長達七日。

之後大臣再度問安，中宗讓大長今出面傳話，說大便已通，神清氣爽，所以無需太過擔心。然而中宗其實也知道，自己的病情已經到了無法挽回的地步。大臣們也知道情況不對勁，派了許多醫員前去，但都藥石罔效。11月12日早上，大長今出面說明中宗病情：「昨夜，玉體似有煩熱，上呈野人乾水、涼膈散、至寶丹。」

於是醫員朴世舉等人入殿診脈，再次處方。中午，大長今再次出面說明病情：「午前煩悶，用井花水調蘇合元上呈。」

傍晚，朴世舉等人再次入殿診脈，加乾葛、升麻、黃連、麥門冬、人參羌活散和五味子茶，並以黑豆、竹葉煎水上呈。這些全都是補精養氣的藥材，但卻沒有什麼效果。11月15日，天色漸黑時，大長今再次出外傳話：

「殿下症候漸急。」

不久之後，大殿內傳出哭聲，中宗駕崩。大長今的相關紀錄，也隨著中宗之死一起消失了。既然君王已死，負責診治的她依法將受到懲處。當然因為她沒有犯下特別的失誤，想必可以維持醫女身分，但因大長今長久以來受到中宗寵愛，往後大概不可能在內醫院繼續待下去。

排在大長今之後，第二位以醫術聞名的醫女就是張德。張德是成宗時濟州島的醫女，她在處理蛀牙上擁有與眾不同的技術。雖然她的治療方式並沒有流傳下來，但她拔牙的技術可是前所未有。張德不僅擅長治療蛀牙，據說也很會處理長在眼睛或鼻子上的癤瘡。張德的相關紀錄，第一次是在成宗19年（1488）9月28日出現在實錄中。這天成宗向濟州牧使許熙下旨：

「治齒醫女張德已死，今無傳業者。若有齒、目、鼻諸般痛處能取蟲人，勿論男女，一律上報。」

當時張德已死，不過已經把技術傳給了她的徒弟貴今，濟州牧使找到了身為奴婢的貴今，向上稟報。朝廷讓她免除賤民身分，而且她必須將技術教給醫女。然而四年過去，醫女們卻還是沒有完全熟悉這個技術，朝廷認為她故意私藏醫術，決定予以懲戒。相關內容出現在成宗23年（1492）6月14日的紀錄：

右承旨權景禧上疏：

「濟州醫女張德，能去齒蟲，如鼻眼凡病瘡處皆去之。其將死，傳其術於私婢貴今，國家贖為女醫，欲廣傳其術，使二女醫從行，

> 貴今秘不傳。請拷貴今問之。」
>
> 王命召貴今，問曰：「使女醫二人從行，汝祕不傳，必欲獨擅其利也。汝若固諱，當拷掠鞫問，其悉言之。」
>
> 貴今曰：「我自七歲始學此術，至十六歲乃成，今我非不盡心教，彼不能習耳。」

這便是所有跟張德、貴今有關的紀錄。關於她們優秀的拔牙技術是否有傳授後代，或者有沒有醫女接下貴今衣缽，獲得真傳，都沒有留下相關紀錄。但如果醫女們跟貴今一樣，持續進修學習，想必張德的技術應該有流傳下來。

成宗時期還有一位有名的醫女，叫作粉伊。當時有位醫員叫黃乙，善治蠱毒，粉伊獲朝廷之命在他底下習醫。

然粉伊習其術卻不及黃乙，原因是黃乙故意祕而不告，直到他被刑求三次，才願意傳授醫術。粉伊最後也因此成長為善治蠱毒的醫女。

宣祖時，也有一位名為愛鐘的醫女曾展現出與眾不同的醫術才華。但宣祖認為她品行不正，禁止她出入宮內。宣祖33年（1600）6月，懿仁王后過世之前，大臣們曾奏請讓愛鐘治療王妃，然宣祖言：「側聞愛鍾，似是娼女。雖有高妙醫術，不可出入於闕庭。」自始至終都不肯答應。宣祖死後，光海君即位。李恒福曾上疏表示內醫女氣數將絕，希望將愛鐘召回，繼續指導醫女們，不過光海君的回應並沒有被記錄下來。不過，從愛鐘沒有留下其他批判看來，光海君應該有接受提議，讓她負責醫女教育。

4 最會察言觀色卻滿腹辛酸淚，妾

女人的戰爭開始了

對現代人而言，妾的存在很尷尬。因為她們雖然是妻子，位置卻很特殊，無法受到妻子的待遇。她們的出身也很多元，從沒落的兩班家門，到平民、妓生、醫女、侍女等都有。因此，妾可以說是情慾象徵的綜合體。

妾的稱呼也很多樣，有小室、小宅、妾室、側室等等，也會依出身不同而有不同稱呼，例如妓妾是妓生，從妾、婢妾是婢女、良妾則意味著良人出身的妾室。賤妾則用來稱呼以妓生、官婢、私婢、醫女等賤人身分成為妾室的人。

朝鮮時代，只要是有權有勢的富裕男性，幾乎沒有人不納妾。松都三絕之一的花潭徐敬德，或是知名的政治家兼學者栗谷李珥，還有嶺南士林的先驅——晦齋李彥迪，也無一例外。嚴格來說後宮嬪妃也屬於妾室，因此朝鮮時代擁有最多妾的人自然就是君王了。尤其在歷史上留下越多豐功偉業的王，就會擁有越多的側室。在此提供一個參考，獲後世敬仰為聖君的世宗，足足立了十二位側室。

納妾的目的本在於繁衍後代。如果正妻沒有生下兒子，就算是庶出，也得有個兒子傳宗接代。在朝鮮這樣的父權社會，替家門傳宗接代是件重要的孝行。因此如果沒有兒子，就會被認為是對父母及祖先最大的不孝。身為知名儒學家的徐敬德和李珥，也是因為這個原因才選擇納妾。

不過，並非所有朝鮮男性都是因為這個理由才納妾的，應該說，為了傳宗接代納妾的男性反而是其中極少數而已。因為在一夫一妻制的朝鮮社會，男性唯一能合法跟不是妻子的女人同床共寢的方法，就是納妾。既然如此，在儒學被奉為圭臬的儒家之國——朝鮮，為何納妾的制度能如此盛行呢？（在韓國）某個人曾經如此回答這個問題：「聖賢孔子也曾納妾。」

其實當時追求成為聖人君子的儒學家們，對於按照自己偶像孔子的前例納妾這件事，絲毫不覺羞恥，反而認為納好幾個妾，是人生的樂趣之一。這種情況，也導致正妻和側室之間經常相互忌妒爭吵。甚至還出現了「妾室之爭，石佛背過身」這種歇後語，意思是不管心地多好，面對和別的女人出軌的男人，都該轉身背對他才行。當然，夾在正妻和妾室之間的男性也一樣頭痛，不然怎會出現「享兩女之人，虎不食其肝腸」這種句子呢！儘管如此，就像「沒有男人會拒絕十個女人」一樣，只要可以，男人們都不會錯過納妾的機會。

韓國歷史上，引進側室制度的時期可以追溯到很久以前。至於妾正式登場的時期，是在朝鮮三國時代。古朝鮮時代雖然沒有留下紀錄，但似乎也有側室制度。高麗時代甚至連廟裡的僧侶都會納妾，因此可以說：當時一般男性幾乎都有側室。

納妾制度是男性主義社會中，性別歧視下的產物。雖然有著傳宗接代的藉口，但這只不過是為了名分，虛有其表的包裝罷了。納妾最根本的目的，在於滿足男性的性慾。從這點看來，由男性創造的納妾制度可說是合法性暴力的一環；至於妾，便是男性主義社會下的犧牲品。

不過，這只是以現代人的角度觀察到的結論，在過去的王權時代，根本沒有現代這種問題意識。身為妾室的人被困在既有觀念裡，認為自己能成為妾已是萬幸；但正妻們也不恨納妾的丈夫，反而憎惡、仇視，進而攻擊妾室。時代讓女性們互相廝殺、爭鬥。納妾制度可說是讓「女人的戰爭」一化為日常的導火線；至於引起這些糾葛的罪人——男人，則在一旁袖手旁觀，反而不願接受這些爭執。人類的本能——忌妒，以「七去之惡*」的名義遭到禁止。然而本能是不可能被法律阻擋的，正妻們為了守護自己的位子，無論如何都得排擠妾室。在這過程中，不斷有口舌之爭與暴力相向，甚至引發了殺人事件。常言道，家中戰場和真正的戰場並無不同，就是這個意思。

像物品般被爭奪強搶

古時有個行為被稱為「偷妾」，意思就是竊取他人的妾室，尤其在高麗末期特別盛行。進入朝鮮時代之後，正妻和妾之間的差異變得更明確，偷妾行為的罰則也更重，因此稍微減少了一些，但至少在朝鮮初期，偷妾的行為並不罕見。我們來看看太宗2年（1402）10月6日的這個事件。

典農正朴實流放於丑山，元尹李澄囚於巡衛府。初，朴實竊副司直尹夏妾，藏於自家，尹夏至朴實家，縛其妾而還，朴實因恨之。朴實素與李澄善，請李

*譯註：「七去之惡」指無子、淫佚、不事舅姑、口舌、盜竊、妬忌、惡疾；源於中國古代的「七出三不去」。

> 澄至家，夜置酒，言其故。李澄徑往尹夏家入其室，扯尹夏妻髮，出而捶之，尹夏妻幾死。尹夏因告憲司，憲司上疏曰：「李澄，王親也，請囚於巡衛府處罪；朴實，鞫問依律治罪。」

李澄是李成桂同父異母的弟弟——義安大君李和的兒子，和太宗是堂兄弟關係。李澄的父親義安大君是太宗的親信，當時任職政丞；朴實也是功臣朴子安的兒子。這個事件的起源是功臣之子，同時也是官吏的朴實，偷了尹夏的妾。所謂偷了妾，就是跟那位妾室私通的意思。至於妾室被偷的尹夏去了朴實的家，但他只是把人帶回而已，並沒有採取任何法律行動。因為當時妾室被當成一種物品，也就是說，遭竊後再找回來的偷妾事件經常發生。另一個有趣的點是，尹夏把妾帶回來後的舉動。自己納的妾和別的男人私通，卻沒有把她趕出家門或者給予任何處罰。太宗要對偷妾事件問責，將李澄關入牢中，右政丞李茂曰：「李澄，王親也，請勿囚。」

不過，太宗搖了搖頭說：「王親犯罪而不治，無所懲矣。然朴實乃功臣之子。其父朴子安為邊將，任國重事，朴實不可加罪。」

之後太宗處朴實流放，李澄則暫時關入巡衛府，不久後便釋放。雖然司諫院上疏請求重罰朴實和李澄，但太宗並未接受。過了八年之後，曾被朴實偷了妾的尹夏，也引起了類似的風波；來看太宗10年（1410），11月的紀錄。

上護軍兼判通禮門事尹夏職牒上繳，發配外方。初，尹夏夜入摠制河久家，奸河久妓妾漢嬋娟，憲府請其罪，王罷尹夏職，使其流配；漢嬋娟從本定役。

文中的「妓妾」就是指「妓生妾」。當時身為判通禮門事的尹夏，私通三軍副摠制河久的妾室，而且事情還是在河久家裡發生的。私取他人之妾，跟真正的偷竊沒有兩樣。尹夏最後因此被罷官，並處流放。自己妾室曾被偷走的他，居然因為偷別人的妾被抓到，最後慘遭流放，這個事件很完整地呈現了當時的事態。尹夏之所以被處重刑流配，是因為先前事件的關係，來看一下當時司諫院的上疏。

尹夏過往曾托以母疾，有違上旨，竊妓出外，為憲司彈劾。本當垂首喪氣，老於鄉曲。幸以射御騎藝，偏蒙聖恩，位至三品，職兼禮官，寵榮極矣。宜改其心、易其慮，夙夜敬謹，圖報聖恩而無他想，然計不出此，反縱淫僻之行，罪固大矣。

從司諫院的上疏看來，尹夏偷妾的行為雖然不是第一次了，卻都沒有受到很重的懲罰。這次也並非單純因為私通他人妾室，才被流配；尹夏遭到流配的真正原因，出現在司諫院接下來的行文之中。

況尹夏之於河久，其交親之舊，非他人比也。河久出外，趁隙不顧禮義，半夜踰牆，縱慾而行，其醜甚矣。罪關風俗，實非情法可憐。僅罷其職，放歸田莊，於人心邦憲，皆不得也。願殿下，命攸司收其職牒，罷黜遠方，以正風俗，以戒後日。

如同文中所述，一開始太宗並不認為事件有多嚴重，只下令讓尹夏罷官回鄉。然而司諫院提出尹夏之前也發生過類似事例，再加上他是偷偷翻牆，潛入親近之人家中與其妾私通，大大有違禮法，因此請求加重刑罰。太宗最後接受司諫院上疏，收走尹夏的職牒，將他罷職流放。

這個事件還有個值得注意的關鍵。跟尹夏私通的妓妾漢嬋娟，只有被判回成為原本的官妓身分，並未遭受任何懲處。原本私通的話，應該是雙方都會受類似的懲處，但對妾室卻未如此。這也意味著已是側室的女子，就算跟外面的男人私通，也不會遭受太多責難。司諫院還曾如此敘述：「且漢嬋娟，雖云官妓，宰相取以為妾，置於閨門之內，豈他人所得而奸哉？」

文中無一處言及漢嬋娟之罪，只說她已是某人之妾，不可為他人所得。反過來說，就是身為妾室的漢嬋娟根本沒有選擇權的意思。實際上，妾的確沒有選擇男性對象的權利。被當成物品般擺弄的她們毫無權利可言，但相對地也意味著不必背負很大的責任。

妾的生存法則

妾室也因出身不同有所差異。良妾是指良人出身，賤妾則是賤人出身。除了家境過於貧窮，只能賣身的人之外，其實良妾是非常少見的。因此朝鮮時代的妾室，大多屬於賤妾。

那麼賤人出身的女性，又是怎樣成為妾室的呢？這和當時的法律有關，只要嫁給四品以上的官僚，側室所生的孩子也能獲得出仕的機會。對賤人身分而言，這是唯一一條能翻轉人生的路。關於賤妾子嗣任官一事，太宗曾於在位第十五年（1415）時下旨：

「一至二品以上賤妾所生限五品，三品賤妾所生限六品，四品賤妾所生限七品，以次除授蔭職。」

但朝臣們強烈反對太宗的旨意，最後只好作了妥協，雖然允許賤妾的子嗣任官，但不是文班，也非武班，只許他們擔任部分雜職。不過雖說是雜職，至少成功步上仕途了。朝鮮時代擔任雜職的官員們，大部分都被分為中人以上。就算母親是賤人出身，孩子也能成為中人；而且只要孩子是中人身分，母親也能享有一樣的待遇，等於獲得了一個上升的階級。因此，朝鮮時代的賤人女性選擇成為妾室的最大原因，就在於這是一個提升階級的好機會。

世宗時期，曾頒布一個與賤妾子嗣有關的規定：「命無嗣三功臣賤妾長子，許與於功臣子孫之例。」三功臣是指開國功臣、原從功臣和佐命功臣。如果兒子當上功臣，母親也會被尊為功臣之母，這也意味著階級上升。因此，賤人出身的女性也紛紛希望成為高官顯爵的妾室。

如同前面介紹過的，兩班們納妾時最偏好的女性是醫女，但因為醫女人數不多，也經常發生達官貴人們為了將一個醫女納為妾室，明爭暗鬥的狀況。甚至還有人曾因此產生嫌隙，引發政治上的對立。

高官們第二偏好納為妾室的，則是妓生。實際上高官顯爵所納的妾室中，妓生出身的女子占最多數。家中納有妓妾，就代表已經升上高位，是享有權力的象徵，所以圍繞在妓妾身邊的各種勾心鬥角，甚至還曾衍生成黨爭。然而能納妓妾為側室的人，只有極少數的權貴或富豪。

因此朝鮮時代的妾大多數都出身婢女，也就是賤妾。她們又被稱為從妾或婢妾，而且很多是被迫成為側室的；可能是遭到主人的脅迫或強姦導致懷孕，只好逼不得已成為妾室。出現在《洪吉童傳》中的洪吉童母親，就是一位典型的從妾，從妾有時也會成為被「偷妾」的對象。世宗的兒子和義君李瓔，就犯下了一個代表性的事件。和義君是個有名的花花公子，常讓世宗操心不已，一次他偷了別人的妾，遭到彈劾。世宗31年（1449）6月10日，相關紀錄上是這樣寫的：

> 罷和義君李瓔職，因其奪朝官婢妾。李瓔性貪女色，嘗竊妻伯父朴大孫婢妾，生子。

根據這個紀錄，和義君奪了朴大孫的婢妾，甚至讓她懷孕生子；朴大孫是和義君夫人朴氏的伯父。這位婢妾在這之後，就必須作為和義君的妾室活下去，由此可以看出婢女的處境，對於自己成為妾室之後的人生，毫無選擇權。也有很多人被納為妾後，卻過著和婢女時期毫無差別的生活。假如沒生兒子，生了女兒的話，會被壓榨虐待，遇到惡毒女主人的話，也可能常常挨鞭子。甚至有的正妻還會用烙鐵燙妾室的臉或生殖器官，將人折磨至死。

婢妾之所以占妾的大部分，最大原因在於她們屬於最弱小的一群人。當時的主人掌握著奴婢的生殺大權，對奴婢而言，主人的話就是法律。這些主人能像物品一樣，隨意買賣身為奴婢的她們，金額甚至遠少於一匹馬的價錢。因此無論哪個奴婢，都無法拒絕主人的要求。尤其對男主人而言，婢女的存在如此柔弱，想得到她們的身體簡直太容易了。

在這種情況下，面對覬覦婢女的丈夫，正妻們自然也會想盡辦法監視。正確來說，妻子們並不是在監視丈夫，而是得徹底阻擋婢女接近丈夫。如果婢女年輕貌美，女主人就會更從中作梗。但因為納妾制度是法律所允許的，如果丈夫執意納婢女為妾，妻子也沒有辦法阻攔。《禦眠楯》中，有一篇故事就是在諷刺當時的情況。

一位士大夫為了跟家中的女婢私通，趁妻子睡著時偷偷往婢女的住處走去。但是妻子不知道什麼時候醒了，於是跟蹤丈夫，發現此事的士大夫一時惱羞成怒，便如此長嘆：「惡婦需得以智慧相服，以威嚴鎮之難矣」。

某天，雷聲陣陣，一時天昏地暗。於是士大夫故意假裝往婢女住處走，然後偷偷躲進廁間。妻子果然怒火沖天地跟了上去，正好雷聲大作，響雷差點就要打在妻子的頭頂上，情況甚是危急。

這時士大夫穿過風雨雷電，向妻子跑去，用手大力打了妻子的肩膀三、四下。然後趁閃電之際，以迅雷不及掩耳的速度強要了妻子，之後丈夫迅速回到寢室，打鼾裝睡。

而妻子慢慢走回房間，敲敲丈夫的肩膀，問道：

「霹靂有雌雄也？」

士大夫回：

「世上自有雄霹靂。」

妻子聽了之後長嘆一聲。

「唉，此事該當何如……」

於是妻子自此懊悔不已，再也不跟蹤走去婢女住處的丈夫了。

這算是一篇半開玩笑的豔文，但也讓我們了解到朝鮮男性們是如何強要婢女的。連妻子都管不了丈夫外遇，當時的現實情況就是如此，柔弱的婢女們又如何能對抗主人，避免走上妾室之路呢？

弱者中的弱者，婢妾人生

「不得稱兄長為兄長，不得稱父親為父親。」這出自許筠《洪吉童傳》中的經典名句，最是貼切地呈現了庶子的處境。如果以正室之子的身分出生，任何人都能輕易

「稱兄道父」，但這對出身孽子（兩班與賤民女子間生下的孩子）的洪吉童而言，則是絕不敢越的雷池。以他的身分，必須稱呼父親為「老爺」，洪吉童對朝鮮這種情況感到失望，為了實踐自己的理想，最後只得出發前往新的國度——栗島國。

不能稱呼自己的父親為父親，這就是被妾生下來的庶子的宿命。但他的母親身為一個妾室，命運又比庶子悲慘許多。儘管嫁給了一個男人，卻無法享有妻子的地位；她們之中，又以婢妾的命運最為坎坷。孩子的爸是握有生殺大權的主人，正妻又是不知何時會對她們下手的黑白無常；至於正妻的孩子們則是虎視眈眈，是隨時想找機會把她們趕出去的豺狼虎豹。甚至曾有正妻忌妒和丈夫發生關係的婢女，進而殺死婢女，因為不想承認其妾室身分，乾脆便採取殺人的手段。太祖6年（1397）7月25日，留有以下紀錄：

> 前校書監王亹奸其婢，其妻妬殺之，棄諸道傍。刑曹請罪，王亹率妻逃，王命收其職牒。

驚人的是，殺死婢女的妻子沒有遭受任何懲罰，只有丈夫被罷職而已。至於奪走婢女性命的行為，也並未被認定成殺人。世宗9年（1427）8月24日記錄的這個事件，則更讓人啞口無言。

刑曹上疏：

「集賢殿應教權採，曾以其婢德金作妾，德金欲探病祖母，請假不得而私下前往。權採正妻鄭氏投訴，曰：「德金欲姦他夫，逃去。」而德金遭採斷髮責打，加鐐於左足，囚於房中。鄭氏磨刀擬斷其頭，婢女祿非曰：「若斬之，眾必共知，不如困苦，自至於死。」鄭氏從之，損德金飲食，逼令自食便溺，德金不肯，乃以針刺其肛門，德金不耐其苦，和蛆強吞，虐待數月。其殘忍至於此極，乞收權採職牒，與其妻一併捉拿，拷問懲戒。」

王允，依判府事卞季良、提學尹淮、摠制申檣之啓，然改命勿收職牒，下義禁府囚審之。

這個事件，赤裸裸地呈現出婢妾的處境有多麼悲慘。不僅阻撓她去探望祖母的病，正妻還陷害她蒙上不白之冤；而丈夫權採完全沒有確認事實，就剪了婢妾的頭髮，鞭打一頓，再上腳鐐將人囚禁起來，簡直跟對待畜牲沒有兩樣。正妻還想直接殺了那婢妾，為了多折磨她一點，禁其飲食，逼她吃下穢物，就這樣殘忍凌虐了數月。犯下如此慘無人道的惡行，卻連眼睛都不眨一下。儘管如此，婢妾卻全然無從抵抗，只能承受，可想而知其處境多麼悲慘至極。

世宗似乎也無法輕饒此事，因此命義禁府將人抓拿審問，接著義禁府提出了以下這樣的報告。

「侵虐德金，瘦困幾死之事，非權採所知。奴仇叱金、婢楊德所言，與刑曹取罪人招甚有殊異，若欲歸納一處，宜當刑問。然以奴主間之事，不便刑問追究其底，然鄭氏不聽家主之令，斷髮侵困之罪，方可照律何如？」王曰：「姑且放權採，至於鄭氏，拘提審問使德金瘦困情由。」

義禁府審問之後再次上奏，世宗聽完之後說：「權採之事，雖曰奴主間事，然非奴婢自訴，國家知而糾劾，豈可論以奴主之間？累月侵剝，幾至死亡，殘忍莫甚。豈可不鞫，錯失實情乎？事干奴婢之事，復使刑問糾劾。權採若與聞，亦還拿問。」

義禁府再次審問權採，並由義禁府提調申商上奏：「權採奴婢納招，與刑曹無異，然權採與妻皆不吐實情，且歸咎於刑曹判書。此人但識學文，不知慚愧。」世宗聽了之後勃然大怒，下令：「以人君治之，固當一視同仁，豈以良賤，而有異也?現婢女祿非已出，則事證尤為明白，如此權採亦不服，則當刑問。」

而這個事件在實錄中留下的結局如下。

> 義禁府啓：「權採鋳婢妾德金，囚禁家內，及妻鄭氏因妬德金，使其斷髪喫屎，針刺肛門，隔日給食，累月囚禁侵虐，使德金飢困瀕死。照律採杖八十，鄭氏杖九十。」命收權採職牒，流配外方，鄭氏贖杖（罰鍰免除杖刑）。

世宗雖然嚴懲了權採，處以流配之刑，但對真正犯下殘忍惡行的鄭氏，卻連一杖都沒打，就以罰鍰作結了。這就是朝鮮的法律，至於婢妾的處境，跟奴婢根本沒有差別。婢妾的悲慘命運還不只這樣，甚至還可能被正妻的兒子強姦。肅宗43年（1717）5月26日，領議政金昌集上秉京畿道觀察使的報告內容。

「武臣李榮漢之子李坤，淫烝*其父婢妾貴丹之說，乃出自李坤堂叔李承漢之口。而李坤堂兄李均、庶弟李衿同，李坤之妻趙女及其子李遇春，乃與之相議。一夜間撲殺李坤及貴丹三母女，而坤之至親，皆同謀，故終無發狀者，不得檢屍矣。唯李萬葉乃李坤死生之友，告發方始推審，然疑端百出，而罪人抵賴不服，故十朔過後，道臣始上　。」

這個事件是李榮漢的兒子李坤，通姦了父親的婢妾貴丹。為了隱瞞此事，李坤的妻子、兒子，以及他的堂兄、庶弟聚在一起議論，最後把李坤、貴丹和貴丹的兩個女兒通通殺了。李坤的堂叔李承漢得知此事，便告訴周圍的人，最後此事被李坤好友李萬葉告發。然而，因為家裡的人並未對李坤的死提出告發狀，所以遲遲無法驗屍，而且所有嫌疑人都否認犯罪事實。

審理這起案件的是京畿監司洪萬朝，洪萬朝雖然花了十個月調查此案，卻依然無

＊譯註：「烝」音ㄓㄥ；上淫，指與長輩婦女通姦。

從著落。因為據說是被打死的貴丹和她的兩個女兒都下落不明，而且在李坤的遺體上卻找不出被殺的痕跡。領議政金昌集因此提出了意見：

「開見李坤棺，二度再檢，而無撲殺之迹。至於李承漢，嚴加訊問坤及貴丹三母女遭弑節次，始終不服。坤之被殺，倘真如萬葉之言，則妻弑夫、子弑父、弟殺兄，三綱五常，一時滅絕，古今所無之變也。貴丹三母女，於坤死之夜，去處不明。若逃走則當跟捕，若被殺則當得屍身，然後可以勘斷。今若發遣捕廳軍官，窺伺捕得者論賞，則可得其線索。」

這起事件最後由捕盜廳負責，但實錄中並未留下關於結果的紀錄。這就表示交給捕盜廳之後，也沒有什麼進展。看這個情況，貴丹母女三人想必已經遭到殺害。李坤通姦其父婢妾，有違綱常，不僅屬於重罪，對家門也是一大恥辱。所以李坤的至親們才會為了隱蔽，殺害李坤和貴丹母女。以貴丹的立場來看，被正妻的兒子強姦已經足以讓人咬牙切齒，甚至還因此害了性命，其憤恨之深重，無以言喻。

除此之外，婢妾還有著無數個讓人掬一把辛酸淚的故事。年老珠黃後就被趕出家門的人何其多，也有人被正妻和正妻子女殘忍虐待，過著比奴婢還不如的生活，她們人生的苦楚，實在難以用文字言喻。

眼饞正宮大位

無論何時，妾都得看丈夫和正妻的臉色生活。因為不知道丈夫何時會變心，把自己趕出家門，也不知道什麼時候會被正妻陷害，掉入死亡的深淵。妾室們如此膽戰心驚的處境，也常被形容是「眼色百段，眼淚百斤」的悲哀人生。

然而也有不少側室決心不能活得如此悲哀，起身對抗正妻。當然，這得和丈夫同心協力才有可能。實錄中也不時有正妻因為妾的緣故，而被趕出家門。世祖3年（1457）7月23日，司憲府上稟：「忠順衛申翊寵愛婢妾，疏棄正妻，應合杖九十。」因為申翊是功臣之子，世祖下令只收回他的告身（職牒），免去杖刑。除此之外，也有許多丈夫為妾拋棄糟糠之妻的故事。中宗時期，還發生過駙馬為妾拋棄翁主的事件。因為此事涉及王室，讓中宗決意大肆處置，以下是中宗39年（1544）2月19日的紀錄。

王傳於政院曰：

「前淳原尉趙義貞，性本狂悖，多行非道，故教戒亦非一二次，而非徒不改過，自四五年前以來，對翁主之婢豐加伊，作妾昵愛。翁主居處，如待婢僕，豐加伊居處，如待翁主，家道紊亂，不可不治。故欲教戒其身，婢妾豐加伊，自內需司治罪，義貞則黜之於外，以觀其改過。然義貞猶不戒慎，即遣奴僕，私率豐加伊，還置其家。此亦固有其罪，予以為年少駙馬狂悖之所致，容恕不罰。然義貞內心暗喜，自此待翁主尤薄。其設心以為翁主若死，當以此妾為家母，其計已熟。

翁主今朔臨產，故欲遣醫女，趙義貞一不上答，到今日病既急矣，乃始來告。即遣醫女到家，義貞亦不許入，醫員未及往，中路聞翁主已死云。義貞事狀，至為荒唐，下義禁府究罪。豐加伊雖被義貞寵愛，原與翁主有婢主之分，然恃義貞寵愛，常時欺凌翁主，紊亂居處，鄙棄翁主以及大故，同下義禁府究罪。」

文中所說的翁主，是中宗和淑媛李氏所生的孝靜翁主。孝靜翁主嫁給了趙琛的兒子趙義貞，但趙義貞並未對她展現多少關愛，真正奪走趙義貞心的人，是跟隨翁主一起入府的婢女豐加伊。越來越喜愛豐加伊的趙義貞，將豐加伊納為妾室，並為她準備了極好的住處、華貴衣裳和山珍海味，但對待翁主卻像對待奴婢般苛刻冷漠。

中宗知曉此事後，將趙義貞發放流配，並讓豐加伊重回內需司作為官婢。不久之後，從流配地回來的趙義貞再次將豐加伊帶回家中，對翁主依舊冷淡苛刻。在這過程中，翁主有了身孕，但情況並不樂觀。中宗擔心翁主，想派遣醫員探視，但趙義貞卻毫無回覆，直到翁主情況危急才稟報宮中，但為時已晚。醫員趕到之前，孝靜翁主便已一命嗚呼。中宗勃然大怒，命義禁府將趙義貞提來審問，然而因為他身分是駙馬，無法重罰，最後只處流配。然而事情還沒有就此結束，趙義貞竟然膽大到將被流配途中的豐加伊搶了回來，實錄對此記錄如下：

義禁府堂上啓曰：「為捕豐加伊，往淳原尉（趙義貞）家，則寂若無人。數頃，一治喪老宦出言：『豐加伊今不在此處。』仍出一男奴曰：『豐加伊去處，此奴知之。』問其始末，則曰：『豐加伊初謫去咸興時，奴實率行，出崇仁門外，趙義貞令奴宋同等人，私挾豐加伊而出，遂以他婢，換送咸興，交付而還。今聞藏於順天大宅，托以覲親（出嫁的女兒返回娘家探視父母），照舊往來。』」

王聞傳旨曰：「知道。其奴仍囚可也。趙義貞今已囚矣，問其豐加伊所在之處。藏於順天，亦不無其理。然待趙義貞自言後，往捕當矣。」

義禁府啓曰：「豐加伊去處，問於趙義貞，則曰，逃往淳昌郡農舍云，當往而捕之。然婢不無逃躲之理，此啓意未發落之前，先遣羅將往捕矣。」

傳曰：「知道。」

然而趙義貞的說詞卻大不相同，他為此喊冤叫屈道：

「臣非敢以豐加伊隱然作妾。翁主昨己亥年間，與臣言曰：『自古年少駙馬，多以無賴，作妾致亂，甚非美事，婢豐加伊，可以作妾。』臣雖因翁主之言納妾，尋常使喚，與他餘婢子，無有小異。且翁主自許納妾，因無妬忌，臣常懷感悚，與翁主情意彌篤。至於『獨愛豐加伊，待如翁主，使家道紊亂』，豈容有此？豐加伊自壬寅年，受罪歸咸興，臣僅聞其中道逃命，往依淳昌農舍而已，豈敢私置於家？至如『翁主之病危急然後啓達』之事，天地間萬無此理。翁主產後，氣候平安，食飲如常，至十九日喘急嘔吐，一邊啓達宮中，一邊招宗親府藥房，與醫女信非等，當藥百般救療，未幾氣絕。此間真偽，證左俱在。臣前五月罷職以來，日益惶恐，老母遠在順天，至今不敢歸見。固無內心暗喜，不從傳教之事。」

趙義貞如此狡辯之後，中宗立刻命義禁府對趙義貞進行拷問，最後禁不起嚴刑拷打，便伏首認罪。趙義貞最後被奪告身（職牒），判處流配之刑。

像趙義貞一樣為妾冷落正妻，或將正妻趕出家門，是會遭受刑罰的。然而其中也有例外，例如明宗時的外戚尹元衡，他不僅摒棄糟糠之妻，將妾迎為正室，還讓妾登上了貞敬夫人（封給正一品、從一品文武官之正室的爵位）之位。尹元衡摒棄正妻，迎進家門的女人名為鄭蘭貞。

在朝鮮歷史中，鄭蘭貞這三個字被認為是惡女的代名詞。因為她不僅以妾室身分殺害正妻，取而代之，甚至還登上貞敬夫人大位，有著能隨意對政丞指指點點的權力。一生風光的鄭蘭貞，是五衛都摠府副摠管鄭允謙的庶女，她的生母也是側室。鄭蘭貞母親南氏出身官婢，成為鄭允謙的妾室之後，生下了兩男三女，其中最小的女兒便是鄭蘭貞。

鄭蘭貞成為尹元衡的愛妾之後，受到尹元衡的姊姊，同時也被稱為女王的文定王后寵愛，並認可她為尹元衡的正室夫人。不久之後，尹元衡升為領議政，鄭蘭貞也正式得到外命婦（統稱得到封爵的女性）身分，甚至獲得貞敬夫人的職牒。當時尹元衡帶領小尹派，除掉了大尹派的首領尹任，獨享大權，過程中曾造成讓無數士大夫慘死的「乙巳士禍」。享有至高權力的尹元衡，接受了各種賄絡，擁有十多間房舍和數百名奴婢。他勢如破竹，可以說把官吏們的生殺大權都握在手中。

然而明宗20年（1565），文定王后去世，尹元衡的戲也迎向落幕。文定王后一死，尹元衡便遭到罷黜，流放鄉里，只能待在開城上面的江陰縣，過著躲躲藏藏的生活。這時有人向義禁府告發，說尹元衡的前妻金氏，乃遭鄭蘭貞毒害而死。此事嚇得鄭蘭貞無時無刻膽顫心驚，不知道義禁府都事何時會找上門來。一次，村子的人們想捉弄鄭蘭貞，便大肆宣傳禁府都事來了，她害怕被義禁府逮捕，便服毒自盡。尹元衡則終日以淚洗面，最後抑鬱而終。人們紛紛議論這就是摒棄糟糠之妻，讓妾占據正室之位的代價，才會像這樣遭天譴，悲慘地結束一生。

因此在朝鮮時代，摒棄正妻選擇妾室，基本上都被視為禁忌。當中只有一個人是唯一沒有被批評的例外，那就是朝鮮第十九代王——肅宗。正如各位所知，肅宗將仁顯王后逐出宮外，改立後宮禧嬪張氏為王妃。然而張禧嬪後來又因為淑嬪崔氏的關係被趕下妃位，最後走向黃泉。當時肅宗因此事頗得民心，但只因為他是君王這個特殊身分，導致他的行為被正當化了。不過若肅宗非一國之君，只是一家之主的話，他的個性也不至於會這麼惡劣；為了側室多次摒棄正妻，一付堂而皇之的樣子再娶，一輩子都趾高氣昂地向人發號施令。

第 2 部

春宮圖與豔本的情色性

在韓文中，情色性（eroticism）又可以被解釋為「煽情主義」。煽情主義指的是挑起情慾的思想或行動，除了直接的性行為之外，也包含能讓人聯想到性意象的各種有形、無形之物。在影像文化蓬勃發展之前，這種情色性主要透過繪畫與文字來構築，在東亞文化圈中，朝鮮最具代表性的就是春宮圖與豔本。我想透過朝鮮時代的春宮圖和豔本，來探討當時的社會情況與性風俗。

5 情色藝術，春宮圖

春宮圖是如何出現的

春宮圖、春畫屬於情色藝術的一種，是指繪有男女性交畫面的圖畫。因呈現的方式露骨且煽情，所以它的用途便是用來促進性慾。「春畫」從字面上看也有「春花」之意（韓語中「畫」與「花」同音），更可用來隱喻性關係的表現。春畫一詞是西元前二世紀左右，於中國漢朝時期第一次出現。古人曾用「雲雨之樂」隱喻性關係，因此春畫又被稱為「雲雨圖」，但大部分情況下還是被稱為「春宮圖」。

春宮圖是比雲雨圖更直接的說法，「宮」指的是男女的生殖器官；這也是男女交合之事，之所以被稱作「合宮」的原因。「春宮」意謂男女的繁殖期在春天來臨，「男女交合」也就是發生性關係的意思。因此春宮圖便是描繪「男女交合之狀」，畫有男女性交畫面的圖畫。

第一個畫下春宮圖的人，是曾任漢高祖劉邦謀士，在漢惠帝及呂后時期官拜丞相的陳平。春宮圖的始祖並非畫家，而是一國的宰相，實在出乎人意料之外。作為研究長生之術的一環，陳平晚年為追求享樂與永生，畫下了春宮圖。道家追求的長生術以東洋醫學為基礎，秦始皇晚年為了長生不老，命令尋找不老草，也是因為受到長生術的影響。

長生術可以大致分為四種，第一是「辟穀法」，提倡禁食米、大麥、小麥等需以火烹煮的熟食穀物，並以生食方式攝取松針、大棗、栗子等果實與動物的骨髓，就能成仙且長生不老。第二是「服食法」，提倡熬製湯藥服用，或將金、水銀等金屬加工食用，便能達到成仙的境界。據說三皇（傳說中古代中國的三位皇帝）之一的神農氏，就曾透過服食法在大自然中找到許多藥材，建立了漢方醫學的基礎。第三則是「調息」，是透過呼吸和運動鍛鍊身體各種動作的方法。

辟穀法、服食法和調息，都是至今仍流傳在世間的長生術，但最後的第四個方法，則早已失傳許久，它正是所謂的「房中術」。房中術主張透過性交達到長生不老的境界，從上古時代以來一直到十九世紀都廣為流傳。房中術的核心在於「接而不射」，也就是發生性關係，但不射精。精氣不排，保存下來之後使其回歸原處，進而達到長生不老的理論。

陳平畫出的第一幅春宮圖，也被推測是將房中術具象化後的產物。陳平畫出春宮圖後，富庶的貴族階層之間開始流行在房裡掛上這種畫。西元前一世紀的廣川王劉去（又作劉吉），也很喜歡繪製春宮圖。他精通《易經》、《論語》和《孝經》，喜愛戲曲，也好房中之術。同時他還頗有藝術造詣，能繪製春宮圖自藏。在這之後，春宮圖歷經了唐、宋、元、明等朝代，更蓬勃發展，成為一種文化，自然而然也流傳至朝鮮半島。

「素女經」中的長生不老祕訣

既然提到春宮圖源於房中術，那麼就要對房中術中的性觀念再深入討論一下。探討房中術的中國古代經典有《素女經》、《素女方》、《玉房祕訣》和《洞玄子》等性醫學書。黃帝是傳說中的五帝之一，至於素女則傳說是黃帝時代的仙女，據說她和玄女、采女等人，都精通透過男女交合治病的醫術。素女主張「色醫同源」，即性交與醫術起源相同的理論，她與黃帝一邊對話，一邊提出以男女交合治療各種疾病的方法；將其對話整理成冊的書籍，就是《素女經》。至於《素女方》、《玉房祕訣》和《洞玄子》等書，則是針對《素女經》作補充或介紹的書。因此《素女經》可說是一本保留房中術起源最具代表性的書。

《素女經》中的房中術重點，在於必須互相享受，而且不可過度，也不可沉溺。其根據來自於陰陽五行。根據《素女經》上的內容，男性為火，女性為水，性質不同，因此雙方的角色也不一樣。水雖然能馬上將火熄滅，但火若想要煮開水，就得沉穩而柔和地對待，所以發生性關係時也是如此，男性必須克己自制才行。《素女經》藉由黃帝與素女的對話形式，說明了以下的原理。

黃帝問素女曰：「吾氣衰而不和，心內不樂，身常恐危，將如之何？」素女曰：「凡人之所以衰微者，皆傷於陰陽交接之道爾。夫女之勝男，猶水之滅火。知行之，如釜鼎能和五味，以成羹臛。能知陰陽之道，悉成五樂；不知之者，身命將夭，何得歡樂？可不慎哉！」

簡單來說就是行男女交合之事，需理解陰陽之道，才能獲得長生與樂趣的意思。《素女經》中，也藉創造「導引術」，據說活到九百九十八歲的傳奇人物——彭祖之口，介紹了具體的方法。

「愛精養神，服食眾藥，可得長生。然不知交接之道，雖服藥無益也。男女相成，猶天地相生也。天地得交會之道，故無終竟之限。人失交接之道，故有夭折之漸，能避漸傷之事而得陰陽之術，則不死之道也。」

而且素女還進一步具體說明了符合以上道理的男女性交方式：

「交接之道，固有行狀，男以致氣，女以除病，心意娛樂，氣力益壯。欲知其道，在安心、和志。三氣皆至，神明統歸，不寒不熱，不饑不飽，寧身定體，性必舒遲，(玉莖)淺內徐動，出入欲希。女快意，男盛不衰，以此為節(度)。」

「今欲強交接，玉莖不起，面慚意羞，汗如珠子，心情貪慾，強助以手，何以強之，願聞其道。」

根據《素女經》所述，男女交合重點在於男要節制，女要規矩，而且只要遵守這點，就能身強體壯、長命百歲。男有八節，女有九宮，倘若用之失度，男發癰瘡，女則月經不順，致百病生長，壽命消亡。倘若能知其道，便能享樂且強健增壽，臉色如初綻鮮花般紅潤。聽了素女的話，黃帝問道：

「今欲強交接，玉莖不起，面慚意羞，汗如珠子，心情貪慾，強助以手，何以強之，願聞其道。」

當時黃帝已是老人，又因為操弄國事，承受了極大壓力。導致精力衰弱，發生了無法順利勃起的問題。素女對於這樣的煩惱，提出了以下解答。

「凡欲接女，固有經紀（原則），必先和氣，玉莖乃起。順其五常，存感九部（指人的九種感情或身體整體）。女有五色（達到高潮時臉上顯現的五種氣色），審所足扣（觀其腿部相扣的模樣）。采其溢精，取液於口，精氣還化，填滿髓臟。避七損之禁，行八益之道，毋逆五常，身乃可保。正氣內充，何疾不去？腑臟安寧，（肌膚）光滑潤理，每接即起（每次交合即可勃起），氣力百倍，敵人（女人）賓服，何慚之有？」

素女提到的「五常」，指的是陰莖需具有的五種品德——仁義禮智信。人類的生殖器官居然也會有五種品德，雖然這話讓人忍不住的笑了，但在《素女經》中可是非常認真敘述的。

「玉莖實有五常之道，深居隱處，執節自守，內懷至德，施行無已。夫玉莖意欲施與者，仁也；中有空者，義也；端有節者，禮也；意欲即起，不欲即止者，信也；臨事低仰者，智也。」

《素女經》中點出陰莖中也有深奧的五行原理，並提到了九法、八益、七損等等。九法、八益和七損是《素女經》中提及的房中術要點。九法是最基本的九種交合方式；八益是為了讓男人身體健康，讓女人除百病的八種方式；七損是指因錯誤的性行為引發了病症，所能針對其症進行治療的七種方法。《素女經》中就像這樣收錄了男女性交時，所需要的二十四種（9＋8＋7）體位，而相關的繪畫，一般便被認為是春宮圖的起源。

那麼，稍微探討一下九法、八益及七損。九法有龍翻、虎步、猿搏、蟬附、龜騰、鳳翔、兔吮毫、魚接鱗、鶴交頸。《素女經》是一本性醫學書，記錄的是透過性交治療疾病的方法，所以九法被視為是可以調理病氣，維持健康與長生的基本技巧。

龍翻顧名思義就是蛟龍翻騰的樣子，在《素女經》中是如此介紹的：

「令女正偃臥向上，男伏其上，股隱於床，女舉其陰，以受玉莖。刺其谷實（比喻女子陰核），又攻其上，疏緩動搖，八淺二深，死往生返，勢壯且強，女則煩悅，其樂如倡，致（玉門）自閉固，百病消亡。」

虎步則是借代老虎步行模樣的體位，指女子向前趴著，男子跪坐於後的姿勢。這個動作也是能讓人百病不發，男精益盛。行虎步時，進出必定要行五八之數（相乘後共四十下），才能發揮確實的功效。

猿搏是像猿猴爬樹般的體位，指女子躺著，男子抬起女子大腿，掛在肩上的動作。

蟬附是類比蟬攀附在樹枝上的樣子；龜騰則讓人聯想到烏龜飛騰之貌。鳳翔是鳳凰飛翔的模樣；兔吮毫指的是兔子舔拭自己毛皮的樣子。魚接鱗是魚兒相互摩擦魚鱗的樣子；鶴交頸則類似鶴們交錯著彼此長頸子的模樣。《素女經》主張只要有確實進行男女性交的基本九法，就能獲得長生。

九法之後還有八益，這指的是能讓男人身體強健，讓女人除百病的八種方式，共有固精、安氣、利臟、強骨、調脈、蓄血、益液及道體等等。據說行八益之術，就能治病益氣。其中第一項「固精」是指提升男性的精液濃度，增強精力的方法。《素女經》是這樣說明的：

「一益曰固精。令女側臥，張股男側，（男）臥其中，行二九數（共十八下），數畢止，令男固精，又治女子（月經）漏血，日再行（一日兩次），十五日癒。」

剩下的七種方式，也都各自附有以上這樣的說明。使氣息安穩的「安氣」和有益於臟器的「利臟」，能治療女子寒症；使筋骨強健的「強骨」，對於女子月經閉血很有效果；調和脈息的「調脈」能舒緩女子陰道痙攣；「蓄血」能治女子月經不順；使精液增量的「益液」還能使骨頭強健；意為整治全身的「道體」，據說還有消除臭味的卓越效果。

另一方面，七損是指因錯誤的性行為引發病症，所能針對其症進行治療的七種方法。七損中第一項是「絕氣」，指沒有想交合的意念卻強行為之，因而傷身。詳細的症狀是身體冒汗，氣息減少，心臟發熱，雙眼模糊。至於治療此疾的方式，《素女經》是如此記錄的：

「令女正臥，男擔其兩股，（使玉莖）深案之，令女自搖，女精（愛液）出止，男勿得快（男勿射精），日九行，十日癒。」

七損的第二項是「溢精」，指過早射精。這是因為過於心急，沒有調整好體內陰陽之氣，或者在醉酒狀態交合，因而傷身。除此之外錯誤的性行為還有傷及脾臟，使脈象不規則的「雜脈」；氣脈過於衰弱，使腹部發熱、嘴唇發乾的「氣洩」；在不安定情況下發生性行為的「機關厥傷」；過度頻繁交合導致百病並生的「百閉」；還有血液乾涸、氣力衰竭的「血竭」等等，書中一併記錄了這些症狀的治療方法。

《素女經》便是這樣一本寫有基本醫學概念的書。不過，因為是藉由房中術進行治療，不可避免地帶有一些煽情的意味。

也許因為如此，後世逐漸開始將它視為是挑起性慾的催情用書籍，而非醫書，春宮圖也依照這種趨勢繼續發展下去。

深入朝鮮半島的春宮圖

中國的春宮圖歷史，是從盛行道教的唐朝開始正式發展的。唐朝時，青樓裡枕邊放的屏風上便繪有春宮圖，其中還有不少古物被保存下來。從統一新羅和唐朝之間貿易的頻繁程度來看，這個時期中國的春宮圖，極可能也已經流傳至朝鮮半島。但目前韓國國內尚未發掘出唐朝時期的春宮圖，因此仍無從考證。

雖然新羅時代留下的古物中還沒有發現春宮圖，但模仿男女性交動作的土偶則有好幾種。新羅社會的性觀念極為自由奔放，因此詮釋性愛場面並不忌諱。然而這種風土民情卻沒有發展為春宮圖，應該是因為與中國相比，紙張和顏料都很稀有的緣故。

在韓國歷史中，確認有春宮圖存在的時代是高麗晚期，但這些春宮圖並非自產的作品。當時高麗相當流行蒙古風格的春宮圖，這應該是受到元朝統治影響自然流入的，不過這些春宮圖不是畫在紙上，而是畫在陶瓷器皿或鏡子的背面。

之後直到朝鮮後期，才有人開始正式創作春宮圖，這自然也是受到中國影響下的產物。第一次有類似春宮圖的東西傳入朝鮮王朝，則是在仁祖時期。來看一下仁祖2年（1624）3月15日的紀錄。

> 因平定逆賊李适，毛都督賀致差官毛有俊等，綾羅等物四十種。其中一物，名曰春意，以象牙刻作裸體婦人。承旨權盡己言其褻慢無禮，乃還送於差官處。

紀錄中出現的毛都督，是當時占領著平安道島嶼——椵島（又稱皮島）的毛文龍。毛文龍是明朝將領，他在光海君時期敗給了女真族建立的後金軍隊，逃到朝鮮之後占領了椵島，處事橫行霸道。為了慶祝朝鮮平定逆賊李适，毛文龍向朝鮮王室送去禮物，其中有一個象牙製成的裸體女人像。承旨權盡己看見後大為光火，於是差人送還。

有關春宮圖的紀錄，接下來是出現在肅宗時期。在一批悄悄從清朝引進的陶瓷器皿中，發現了繪有春宮圖的品項。

雖然在這之後，無論在哪個文獻中都找不太到春宮圖的紀錄，但可以確定的是，春宮圖一直有持續從中國輸入至朝鮮。直到英祖在位的十八世紀，朝鮮的春宮圖才開始大為盛行，甚至隸屬圖畫署的畫員們，也開始繪製春宮圖。不過春宮圖雖然仍有真偽爭議，但這些畫作中甚至有風俗畫巨匠──金弘道和申潤福的作品。

在中國，春宮圖長久來被認為是喪失價值，只流於情色的藝術，而且這觀念早已根深蒂固。不過日本的春宮圖相較之下則更為刺激，甚至帶有變態的傾向；但是朝鮮春宮圖的地位則有些不同。不像中國、日本的春宮圖過度強調其色情性，朝鮮的春宮圖則帶有一些抒情式的美學和社會諷刺元素，因此也得以提升到藝術品的層次。當然，到了十九世紀末之後，春宮圖在朝鮮仍舊淪為低俗的情色象徵，原因是春宮圖逐漸變成庶民之間也能廣泛消費的產品，而且日本廉價的春宮圖也開始引進朝鮮，使得春宮圖的品質下降的緣故。

從春宮圖看朝鮮的性風俗

現存的朝鮮時代春畫集中，最具代表性的是《雲雨圖帖》和《乾坤一會帖》。

雖然仍有爭議，但據傳《雲雨圖帖》出自檀園金弘道之手，至於《乾坤一會帖》則是蕙園申潤福的作品。這兩部春畫集中的作品不只在朝鮮，綜觀中國和日本，都可稱得上是春宮圖中的翹楚之作。也就是說，這些作品除了具有抒情性、藝術性和社會性之外，也同樣具備了春宮圖的本質——性愛描繪。在此想透過《雲雨圖帖》的五張春宮圖，探討一下朝鮮人的性風俗。此外《乾坤一會帖》是向《雲雨圖帖》致敬的圖集，為了加深讀者們的理解，以下也會提到《乾坤一會帖》中的部分作品。

三位男女的雲雨之樂

這是《雲雨圖帖》作品中最典型、最赤裸裸呈現當時人們性渴望的一幅畫作（圖1），也是《雲雨圖帖》中唯一描繪雜交場景的作品，不僅大膽而情色，作品的完成度也得到很高的評價。

從畫作的背景開始便獨樹一格，兩女一男共赴巫山，地點是在一個亭子裡，坐落在打理得美輪美奐的庭園之中。亭子四面穿透，屋簷上還攀著長有綠葉的藤屬植物，下面的三位男女正光著身子沉浸於性愛。特別的是亭前還站著一棵屬椰子科的棕櫚樹。棕櫚樹的原產地是日本九州，若長在朝鮮半島上，也無法撐過冬季。朝鮮唯一能讓棕櫚樹生長的地方，只有濟州島而已，因為極其珍貴，所以在半島大陸上也很難取得。因此朝鮮時代的畫作中極少出現的棕櫚樹，加上這棵樹也不是種在室內，而是庭園內；甚至不是種在花盆內，而是種在地上被描繪下來，那麼這幅畫的題材幾乎可說是絕無僅有。不過，這幅畫完成的地點是濟州島嗎？或只是單純憑想像完成的呢？畫中的亭子主人，既

圖 1 金弘道，選自《雲雨圖帖》

然可以種植棕櫚樹來作為庭園植物，想必財力驚人吧？

對於庭園棕櫚樹的外觀，這幅畫的作者明顯有非常正確的了解，但是他為什麼要在男女於亭中作愛的場面旁邊，畫下一棵棕櫚樹呢？這似乎是因為棕櫚樹的外觀，具備有煽情性的關係。棕櫚樹被畫得就像是男性巨大的生殖器一樣，樹幹下兩側畫有山石，而棕櫚樹則穿過它們，筆直沖天。前面則有一男、兩女正在亭中賣力動作。

現在來看畫作的重點，亭中場景。首先映入眼簾的是女1和女2。女1光著身子躺在枕頭上，右膝朝旁邊立著，左膝纏著女2的腰，陰部完全暴露在外。女1的右臂放在自己的胸下，左臂則摟著女2的背。女2只穿著韓式短褂，下裙已經脫光，採取趴著的姿勢，抱著女1的肩膀嘗試吻她。女2的手臂上方是女1的乳房，描繪得有些膨大。兩個女人的長髮編成辮子，如蛇一般垂落在地面。她們的上方有個綰髻的年輕男人，赤身裸體跪著，抱住趴著的女子埋頭苦幹。男人的左手放在女2乳房，右手碰著女2的腰。渴望女子陰戶的男性陰莖，也赤裸地顯露在外。

在他們火熱律動的地板前方，擺著一根長長的煙斗和菸灰缸，也有用來裝菸灰的小碟。當時的菸斗是妓生與兩班的象徵，那一根菸斗極有可能屬於畫中男子，這便顯示了他的身分是兩班。而且畫中出現的亭子和庭園如此寬敞，男子想必非富即貴。綰髻且無蓄鬚，又能光天化日下在亭子裡大行豔事，應該是無所事事的年輕公子哥兒。從兩個女子留長辮，又無盤髮這點看來，她們應該是婢女。所以這幅畫作可以說是描繪了有錢的年輕公子，和兩個婢女在自家涼亭中翻雲覆雨的場景。

這個作品直接呈現出朝鮮時代男性們，對於性所追求的渴望。也就是說，這反映出了他們想要坐擁巨額財富、優遊自在，和好幾個年輕的侍女一起在寬敞自宅中盡情享受性愛的願望。畫中不難看出幾個能勾起性慾的要素，例如不完全裸露，而是改用衣物遮住身體的一部分；也可以看出當時偏好女子長長的髮辮。最重要的是，事實上當時兩班們主要性騷擾的對象，正是婢女。婢女身分卑微，處境可憐，只要兩班男性想要，就能任意將她們做為性愛對象。從這點來看，雖然這幅畫可能是眾多男性夢想中的性愛場景，但對朝鮮時代的女性，尤其是婢女們而言，就等於是她們巨大的傷口和苦痛。儘管這是一幅描繪男女之間性愛的春宮圖，但背後卻藏著在身分制度社會下呻吟的弱者們，苦難且悲慘的人生。

女上男下

這幅畫是《雲雨圖帖》中很值得一看的作品（圖2）。因為時代特徵的關係，大

圖 2 金弘道，選自《雲雨圖帖》

部分春宮圖都是以男性角度思考，或是反映男性視角所繪製的，重心都放在表現男性的慾望上。然而這幅作品大膽地充實呈現「女上男下」的姿態。女子被描繪成積極且主導的樣子，相對男子的反應則稍微有些被動。衣著也正好相反，女子是裸體，男子則只有脫去下褲。男子把腳勾住努力撐著，但女子卻彷彿跑步一般提著腳，看起來非常有力的樣子。加上場景不是室內，而是戶外。

大部分日本或中國的春宮圖中，男女都是在室內翻雲覆雨。相較之下，《雲雨圖帖》中則有好幾幅作品都是描寫在戶外發生的性關係。這幅作品中男女發生關係的地點，也是在巨石下的草地上，而且同樣並非單純描繪自然風景而已。巨石下面茂密的植被讓人想到女性的陰部，至於描繪得似乎快被吸入岩石之下的土地，則讓人聯想到男性的生殖器官；等於透過大自然，更加襯托出男女之間性事的戲劇性。也許因為如此，在自然中享受性愛的兩人，甚至看起來莫名地寂寥且平和。

畫中並沒有暗示兩人關係的線索，他們也許是夫妻，又或者是戀人。然而這幅畫要表達的重點，應該是不受任何人干涉，能跟心愛的戀人盡情享受性事的願望吧？在這個願望中，不存在所謂男、女的性別差異，也感覺不到地位身分之隔。他們只是單純地享受性愛而已，而且還是在大自然的懷抱之下。

這幅作品得到在二十世紀初活躍的畫家鼎齋崔禹錫的致敬之後，得以重新受到關注。我們來看收錄在崔禹錫春畫集《雲雨圖畫帖》中的致敬作（圖3）。男女性交的姿勢是女子採取上位，這點跟《雲雨圖帖》類似。不同之處在於發生的地點不是戶外

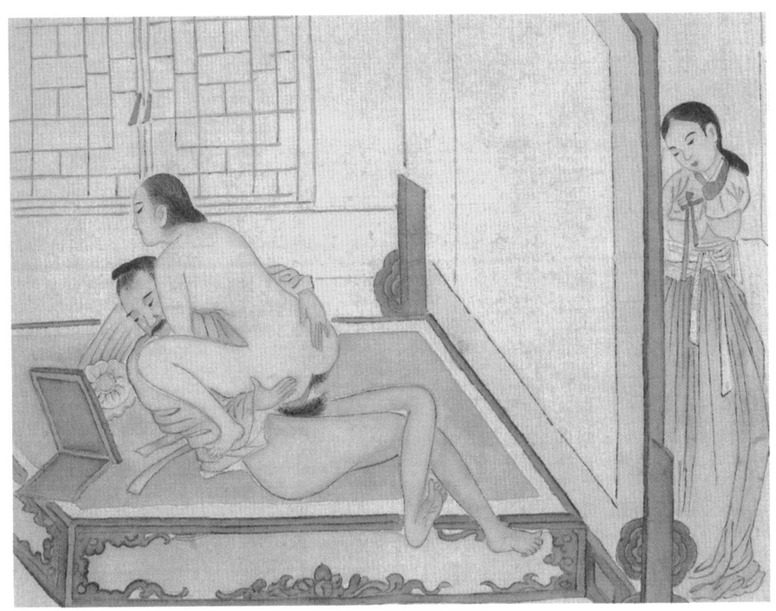

圖 3 崔禹錫，選自《雲雨圖畫帖》

圖 4 申潤福，選自《乾坤一會帖》

而是妓院，以及房內掛了鏡子。男人的目光朝向鏡子，正透過鏡子觀看自己歡愛的場面，盡情享受其中。除了鏡子之外還有另一個有趣的設計，就是房外躲了一個正在偷看兩人房事的女子。這女子或許因為偷窺他人性事感到興奮，一邊裸露著乳房一邊愛撫自己。有趣的是，這個女子也曾在《乾坤一會帖》中登場（圖4）。崔禹錫的春宮圖同時致敬了傳為金弘道所作的《雲雨圖帖》，和傳為申潤福作品的《乾坤一會帖》。

僧侶與婦人的密愛

《雲雨圖帖》出人意料地也揭露了僧侶的歡愛場景，而且還是跟平民女子之間的密愛。實際上究竟有沒有發生過這種事呢？這個容筆者之後再敘，先來分析畫作（圖5）。兩人歡愛的地點是在某個家中，房裡樸實無華，沒有看見任何物品，只有一張薄墊，而且中年男子與年輕女子正在上面翻雲覆雨。男子很明顯是和尚，之所以如此斷定的裡由，是因為男子脫下丟在地上的長衫和僧笠。僧笠是朝鮮時代僧侶們常戴的斗笠，也是比丘的象徵。這位僧侶身著短褂，把褲子褪下一半，用跪坐的姿勢專注於纏綿之中。他的陰莖露了大部分出來，左手伸進女方的短褂之下。

女子枕著枕頭，長長的辮子垂在地上，左手抱著男子的背，右手則伸向正在摸索

圖 5 金弘道，選自《雲雨圖帖》

自己肩膀和胸部的男人的左手。奇怪的是，她不只穿著裙子和短褂，甚至連內衣也全都穿得好好的。當時有些內衣裡層為了如廁方便，縫製時會留有縫隙，畫中的女子大概也是穿著那種內衣。兩人看來頗為急切又非常小心翼翼的樣子，所以男子才會只褪下褲腰，女子也在還穿著衣服的情況下發生關係。這幅作品準確地表現出兩人的迫切和一觸即發的慾望。

至於這幅畫最畫龍點睛的部分，是有偷窺者的存在。跟著中年僧侶前來的年輕僧侶，悄悄掀起窗簾的一角，偷窺著眼前的豔事。這個年輕僧侶的出現，使畫作的煽情程度又更上一層樓。無論行偷窺之事，或在別人偷窺的情況下享受閨房之樂，都屬於當時人們的性渴望之一。對於偷窺，即偷窺癖（韓文漢字作觀淫症）的渴求，在金弘道、申潤福的其他風俗畫中也經常出現。金弘道的作品〈漂母〉和申潤福的〈端午風情〉（又作

圖 6 申潤福，選自《乾坤一會帖》

端午節的溪邊）中，也能看到相似的場景。

《乾坤一會帖》也向這幅畫作致敬，使其再次重生。《乾坤一會帖》中的作品，描繪的是僧侶和婦人在合歡前的前戲情景（圖6）。僧侶躺臥在地，女人正用右手愛撫著他的陰莖。被她握在手中的陰莖脹大到似乎快要爆炸，僧侶的眼神充滿著想立刻占有她的神情，女子望著僧侶的眼神也滿溢著慾望。彷彿要證明那慾望一般，她的左手也正探進自己的褲衩之中。這幅作品的前戲其實比《雲雨圖帖》的性愛更加濃豔煽情許多。

那麼在朝鮮時代，實際上真的有僧侶和平民婦人發生關係嗎？我們來看一首口傳的辭說時調（長時調）。

窗外若隱若現，
乃何許人也？
小僧來也。
昨晚探老嫗（婆婆）途中，
閣氏（媳婦）寢房內讓卸掛簇冠，

頃掛僧笠之人來也。

僧啊，掛便掛矣，去時切無後話。

창밖에 어른어른하니, 그 뉘오신고?

소승이올소이다.

어제 저녁에 노시 보러 왔던 중이러니

각씨네 자는 방 족두리 벗어 거는 말 곁에

이내 송낙을 걸고 가자 왔네.

저 중아 걸기는 걸고 갈지라도 훗말 없이 하시소.

這是前一天夜裡曾與婆婆歡愛的僧侶，今日改向媳婦求歡，但媳婦雖然答應共赴巫山，卻吩咐僧侶事後切勿聲張的內容。朝鮮時代能和已婚婦人相見的男性外人，幾乎只有僧侶而已，而且地點大多在寺廟裡頭。不過偶爾似乎也會有僧侶被施主邀請出外，進入家中內房的情況。還有另外一首時調，也同樣描寫僧侶和有夫之婦之間的戀情。

僧猶為人，共寢及去，甚念。
我枕僧之僧笠，
僧枕我簇冠，
僧之長衫似被襦覆我，我裳覆僧人，醒而有悟，
兩人之愛，以僧笠，以簇冠。
隔日思及昨事，方寸不安。

중놈도 사람인양 하여 자고 가니 그립다고
중의 송낙 나 베고
내 족두리 중놈 베고
중의 장삼 이불 나 덥습고
내 치마란 중놈 덮고 자다가 깨달으니
들의 사랑이 송낙으로 하나 족두리로 하나
이튿날 하던 일 생각하니 흥글항글하여라.

圖 7 申潤福，〈等待〉部分

吟詠這首時調的人是曾跟僧侶發生關係的女子。既然有這種時調流傳下來，就表示僧侶與平民女子間私通之事，想必屢見不鮮。

申潤福的風俗畫中也留下了類似的痕跡。申潤福的一幅作品中，畫了一位盤髮的女子靠在牆邊，彷彿在等待某人，而且她藏在裙後的手裡正拿著僧笠（圖7）；這表示女子等待的人就是僧侶。既然描繪庶民生活的風俗畫中，也會出現癡癡等待僧侶的女子，就意謂著僧侶與平民女子之間的情事，並非只是憑空想像。

《朝鮮王朝實錄》中，僧侶與平民女子間私通的事件也時有所聞。以下是太宗16年（1416）時發生的私通事件。

代言尹須之妻帝釋婢及盲僧信全處斬。初，尹須妻帝釋婢欲讀經度厄，請信全來，與皮狄栗（尚未去皮的栗子），曰：「栗之味如何？」盲僧信全曰：「甚甜。」帝釋婢戲曰：「有勝栗之味之物。」婢因而與信全私通累年，生子不報，竟殺小侍婢以滅口，至今事覺。

尹須的妻子帝釋婢為趙何之女，出身有權有勢的兩班家庭，而信全的本名則是河千景。聽聞他們通姦之事，太宗下令處以極刑；這就是僧侶和兩班妻子之間最典型的私通事件之一。當然，僧侶和有夫之婦的私通事件，除此之外還留有許多紀錄。

雖然僧侶私通有夫之婦的情況也不少，但以次數來看，士大夫私通有夫之婦的情況則來得更為頻繁。既然如此，為什麼要特別關注《雲雨圖帖》裡私通的僧侶和有夫之婦呢？因為它將禁忌戀情的象徵刻意呈現了出來。根據佛教律法，僧侶是禁止發生性關係的，而且有夫之婦，也被禁止跟不是丈夫的男人同床共寢。《雲雨圖帖》中把他們禁忌的戀情描繪成春宮圖，等於提出了一種抗辯——人類情慾是無論如何都無法阻擋的。

溪谷中的春天躍然紙上

這是《雲雨圖帖》中最著名的一幅作品（圖8）。圖中的男女在寧靜的山澗峽谷邊，坐在草地上，享受著雲雨之歡。男子雖有綰髻，但還尚未蓄鬍，看起來是剛行成年冠禮的年輕人；女子則是梳著美麗盤髮的妓生。女子口中咬著的長長的菸斗，也能作為判斷她是妓生的依據。兩人都是以稍微抬起臀部的坐姿進行動作。男子的手消失在女子的褲衩

圖 8 金弘道，選自《雲雨圖帖》

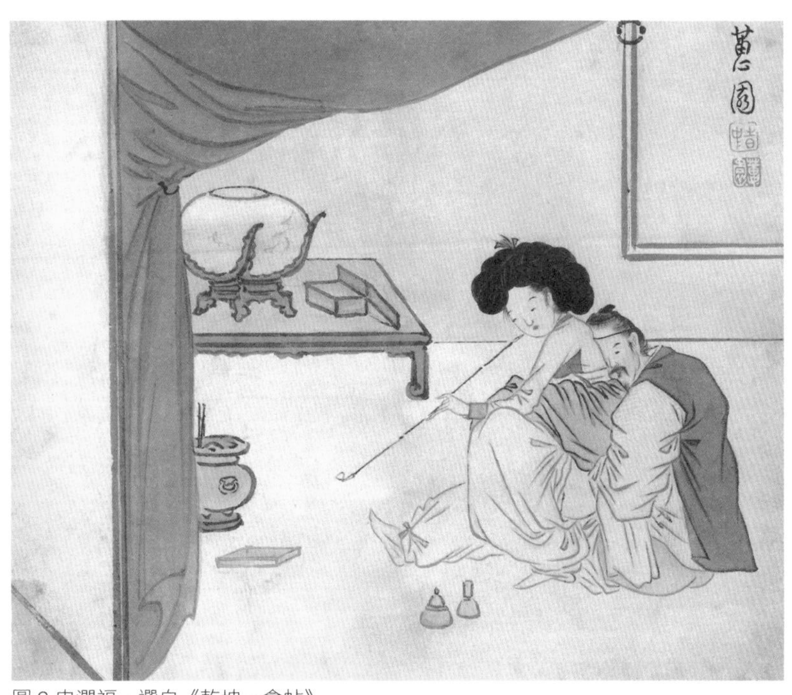

圖 9 申潤福，選自《乾坤一會帖》

之中，看不見放在哪裡，至於他的肚子和胸部，都緊貼著女子的臀部和腰。男子的臉貼在女子的背上，朝左邊轉頭，正沉浸於性事之中。但是女子的表情意外地淡然，甚至還有閒情叼著菸斗抽菸。

兩人的背後有著巨大的山石，而且石縫之間開著杜鵑花，盡情綻放豔麗的深粉色澤。與山中的春天氣息一樣的濃厚，男女二人的身心也迎來了春天。作品的左邊是男女二人，右邊則有大石，在這之間勾勒了充滿情調的深粉色杜鵑，光看構圖就覺得結構非常安定且平和。就像春天來臨，百花就會盛開一般，兩人的歡愛也像大自然中的風景般協調且自然，可說是如神仙般快活的一個場景。《乾坤一會帖》中，也有致敬這幅作品的畫作（圖9）。雖然體位相似，但纏綿的地點卻不一樣。《雲雨圖帖》中寧靜的山澗邊，來到《乾坤一會帖》裡蛻變為美輪美奐的房間。彷彿映照著流逝的歲月，年輕的書生變成中年士大夫，年輕的妓生也變成中年的妓生了。房間一角出現了金魚戲水的魚缸，妓生的菸斗前方擺著火爐；兩人坐在有遮陽簾的室內享受著閨房之樂。雖然上了年紀，但男子仍然心神蕩漾，沉浸於歡愛中，女子則還是垂著長長的菸斗，老練地吞雲吐霧。她的表情和年輕的時候一樣淡然。兩人在溪谷間的神仙之樂，就這樣跨過了歲月，改在房內持續上演著，就像經常上演的日常一般。

跟春宮圖中畫的一樣，朝鮮時代的男性們總是渴望和妓生發展一段浪漫情事，朝鮮時代的性風俗笑話集《禦眠楯》中，也曾留下這樣的故事：

有一位姓申的朝廷命官，他愛上了某位妓生，幾乎過著淫靡放蕩的病態生活，他的親朋好友紛紛予以責備，申氏如此回應：

「我亦欲戒之，發誓不再近其身，然其姿容貌美，紅情碧態，毫無醜穢。

吹毛求疵，竟莫能得，因而至此。」

而其中一位朋友道：「如不見其醜，何不待其向後間，觀其下痢？」

申氏回：「我亦已見矣。觀其初上廁也，如孔雀乘五雲而入澗谷，及其捲紅裙而露下部也，如冰輪半轉於彩雲之間；其女小便時，如雲母開朱唇而吐瓊液；其放氣時，有如黃鶯傍花林而歌百囀，至於遺尿時，始疑黃薔薇之亂落，終見紅牡丹之爛漫也。見其下痢欲得醜，猶如使西施蹙眉，反倒增其寵媚也，我能奈何？」

《禦眠楯》中的官吏，雖然只記錄為申氏，沒有留下名字，但應該是在暗指申叔舟。因為在其他資料中，也有出現申叔舟納全羅道古阜妓生為妾，與其共度四年的記錄。申叔舟出身集賢殿學子，在世祖時期曾官及政承。這樣的人物都會深陷妓生魅力，還被記錄成文字，所以就算說朝鮮時代所有男人都夢想能和妓生相戀，也不為過。《雲雨圖帖》中男性和妓生之間的纏綿，會被描繪得像神仙眷侶般夢幻，想必也是這個緣故吧？

老人的苦澀慾望，秋宮圖

《雲雨圖帖》中最讓人印象深刻的作品，就是這幅表現出老人苦澀性慾的畫（圖10）。這是一幅讓人感到莫名詼諧的同時，又惹人憐憫的作品。圖中畫著一位盤髮的初老女子，和頭髮幾乎掉光，腰已佝僂的老男人。男子裸身坐著，用左手抓著癱軟無力的陰莖，右手撐著地板。他的臉乾燥且滿布皺紋，看起來跟他失去生氣的陰莖有些相似。儘管如此，男子的腳仍然伸向了女子的

圖 10 金弘道，選自《雲雨圖帖》

裙底。赤裸地表現出了年長、駝背，失去精氣但仍有慾望的老男人的姿態。初老的女子則穿著整套短褂和下裙，坐在地上。她的膝蓋直立，雙腿張開，用右手提著裙子只露出陰部。雖然看不見她的左手，但應該也是撐在地上。兩人看起來像在對話的樣子。「這麼軟也可以嗎？」男子好像這樣說，女子則似乎回了：「我也是呀！」

究竟這兩人是什麼關係呢？先從他們坐著的地方談起，這是一間狹窄又不起眼的草屋的地板。地板前方就是庭院，地板其中一角擺著看起來像米缸的東西。支撐屋頂的梁柱上靠著鐵犁，庭院角落擺著三個陶甕。甕的尺寸偏大，看來應該是水缸或酒缸，因此畫中的地點很可能是老舊的酒鋪。這幅畫應該是描繪村裡的老人做完農事，回家的路上進了酒鋪，向酒鋪上了年紀的老闆娘求歡、滿足性需求的情景。

從這個角度去看，這幅作品與其說是春宮圖，倒不如說更接近風俗畫。妻子早死，也沒什麼積蓄的老人，為了滿足偶爾莫名湧出的性慾，才來到這間又小又舊的酒鋪去找年老的酒母發洩，但正要發生關係的時候，陰莖卻無法勃起，於是邊吐苦水的同時，邊向老闆娘尋求幫助。而且老闆娘一臉沒什麼大不了似的，只掀開裙子，展示自己皺縮的陰部，嘴上回應著自己的處境也差不了多少。

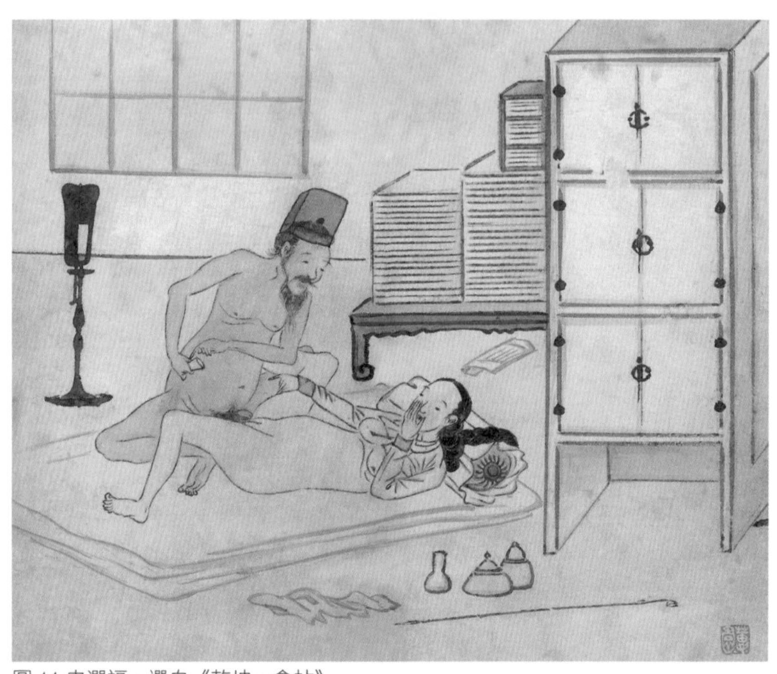

圖 11 申潤福，選自《乾坤一會帖》

誰看著這樣的畫會被勾起性慾呢？畫中不見任何對性的渴望，只讓人感到一絲淒涼。從這點來看，這畫可不是「春宮圖」，而是「秋宮圖」了，說是表現人類悽慘晚年的畫作也很貼切。

《乾坤一會帖》中也收錄了致敬這幅畫的作品（圖11）。這幅畫作將老人黯然且惆悵的情慾描繪得極為諷刺。主角從年邁的酒母變成年輕的婢女，老農夫也換成年老的士大夫，交歡的地點也不是簡陋的酒鋪，改為堆滿書籍的廂房。年邁的男人同樣也脫了衣服想排解性慾，卻依然無法順利勃起。他好像在對女子說：「能不能在這裡面裝一點妳的……那個嗎？」至於躺著的年輕女子，雖然害羞似地用手遮住嘴，卻仍舊忍不住笑意，但老人的表情則相當熱切。雖然年邁的老人想藉由她的愛液回春，但對年輕婢女而言，只覺得這個樣子非常好笑而已。這幅畫對比了老男人的失落之情和年輕女子的難掩笑意，藉此同時觸發觀者的同情與笑聲。

畫中的年輕婢女表情實在過於開朗，反而讓人感到一絲惆悵。這表示她已經非常熟悉和年邁主人發生這樣的不倫關係了。她過去的生活想必滿是羞辱和苦痛，卻麻痺到連那些情緒都感受不到，只不斷重複經歷一樣的事情。真正無力且令人同情的一方，並非老人，反而是這位婢女不是嗎？

朝鮮時代的婢女自始至終都無法擺脫兩班們的騷擾，因此朝鮮時代的妻子們，也一直都不得不對丈夫和婢女保持警戒，甚至還要進行監視。《禦眠楯》中，也有一篇名為「麻田伏犬」的故事，在諷刺這樣的情況。

扶安郡有一位柳氏書生，與婢女私通已久。某天，他偷看正在搗麻的某位婢女，接著悄悄潛入，與婢女約定在麻田相會。這事被柳書生的夫人發現，她等書生進入麻田之後，便喚來婢女，突然開始督促婢女搗麻。

柳書生見到妻子這樣，不由得趴倒在麻田之中，從遠處望去只見一片白衣。這時夫人佯裝不知，故意向婢女問道：「那麻田之中色白者，是為魔鬼？」

此時婢女回答：「乃鄰家白犬來舐食糖糠，小婢斥之，犬似自相藏匿。」

接著夫人這樣說道：「老犬食糖糠嫌不足，尚欲敗壞麻田不成？」

夫人一邊大喊，一邊舉起巨大的石臼丟了出去。石臼正中書生的腋下，但他動也不敢動，只能模仿狗叫，哀哀地哭嚎了幾聲。

就像這故事內容一樣，兩班士大夫們一有空就想對婢女出手，因此兩班們的妾室大部分都出身自家婢女。不過他們的正妻對此也相當警戒，社會上也普遍把納婢女為妾的男人視為發情的公狗。儘管如此，男主人依舊經常侵犯婢女們。

6 性慾與愛戀的指標，豔本

《禦眠楯》，朝鮮淫書豔詞的代表作

只要是人居住的地方，就必定會有小黃書，即所謂的淫書豔詞。從這角度來看，淫書豔詞可說是最能解讀人們性慾和情史的測量表。雖然可能有許多誇張和過於戲劇性之處，但這也是因為，最能露骨表現出當代人情色性的，正是這些淫書艷詞。

在「儒學的國度」朝鮮，也不例外。集朝鮮淫書豔詞之大成的代表作，是《古今笑叢》系列。這系列叢書的編者不詳，卻也收錄了《太平閑話滑稽傳》、《禦眠楯》、《續禦眠楯》、《村談解頤》、《蓂葉志諧》、《破睡錄》、《禦睡新話》、《陳談錄》、《醒睡稗說》、《奇聞》和《攪睡襍史》一共十一本書，全部由八百二十五篇煽情故事所組成。

其中《太平閑話滑稽傳》被稱為朝鮮淫書豔詞集的起源，是由成宗時代主編《東國通鑑》、《東國與地勝覽》等書的大學者徐居正所著。書名直譯，就是「蒐集太平又閒暇故事的笑話集」，所以常被簡稱為《滑稽傳》。「滑稽」一詞第一次出現在文獻中，就是在中國戰國時代，由楚國詩人兼政治家——屈原所作的《楚辭》裡頭。在這之後，「滑稽」一詞流傳到韓半島，也出現在高麗學者李仁老的《破閑集》和《補閑集》之中。

滑稽一詞在韓文中常被譯為「玩笑話」，原本的意思應該是「使頭腦混亂的事物」，但因為裡面蒐集了許多玩笑話和詼諧之詞，所以逐漸轉變為現在的語意。不過滑稽也並非單純的「玩笑話」，而是帶有諷刺性和教訓意味的玩笑。用玩笑話來擾亂對方的知識、想法、意圖等之後，再趁隙傳達自己的意見或想法。由此衍生而出的一種美學，就被稱為「滑稽美」。「滑稽美」在字典裡的意思是「一種順應人類『詆毀偉大、壓制優勢、抹滅優雅』之慾望的美學」。簡單來說，就是詼諧與諷刺之美的意思。所以《滑稽傳》裡頭，有許多透過玩笑話，來表現諷刺、傳達教訓的故事。當然也有很多與性事相關的玩笑。至於《禦眠楯》更是收錄與有關性的笑話為主，可以說是情色滑稽集的代表作。

《禦眠楯》由朝鮮前期文臣宋世琳所著，若依字面解釋書名，是「防禦睡眠來襲之盾」的意思。簡單來說，就是裡面充滿內容幽默、香豔到足以提神醒腦的故事。燕山君4年（1498），宋世琳文科狀元及第，但他登科之後家中便發生喪事，他也連帶得病，導致官場失意。因此在燕山君時期，宋世琳幾乎未任官職，但卻反而因此避開了甲子士禍的牽連。到了中宗時期，他官途漸開，曾擔任弘文館校理，一度文名遠播。不過後來又因病放棄官場生活，歸鄉度過晚年。《禦眠楯》就是他在故鄉泰仁（全羅北道）悠哉度日時完成的著作。

《禦眠楯》中的故事分為寓言、笑話、淫談等八十八篇，原本並未流傳下來；不過在《古今笑叢》系列裡，卻蒐集了八十二篇大部分的煽情故事。其中兩班和婢女之間的故事占最大多數，再來是也很常提及兩班與妓生的逸事。除此之外，還有夫妻間的性事問題，或者僧侶們的淫亂舉止等等。雖然乍看下似乎是單純的玩笑敘述，但細細分析其內容，就可以從中讀出當時社會的性風俗、性倫理，以及情色性。我想從這個角度將《禦眠楯》的內容大致分類，嘗試作個分析。

琴瑟和鳴夫妻的難關

無論何種社會，人類的性慾都和結婚制度綁在一起，能在制度的藩籬下盡情享受性生活，且完全不會有任何倫理問題的唯一關係，便是夫妻。當然，夫妻之間的性生活也可能有障礙。很多人都會在意父母和子女的眼光，無法自在享受性事。況且朝鮮時代的家屋和現代建築相比，隔音效果更差，於是這便成為當時夫妻間性生活的一大障礙。在此會透過幾個相關故事，來了解朝鮮時代的夫妻們在性生活上遇到的難關。以下是「五子嘲父」的故事。

翁婦膝下有五子。

五子謀曰：「爺孃有吾五子，而尚不倦同寢。倘若生兒，必令吾輩抱之負之，小兒便溺污穢，何可堪也？莫若吾五人分守五更，各守一更而長坐不眠，使不得相合，可免其苦矣。」遂如約而替，翁婦甚感為難。守五更者乃最稚子，嗜眠，翁婦趁隙，臥而北合（背後式，男子在女子背後行性行為）。

稚子覺之，大呼曰：「母親！母親！夜未明，背負吾父，將往何處？異也。」而翁婦不得而成。

以上引用的內容是「五子嘲父」的前半段。這個故事講述一對想要享受性生活的夫妻，同時也想阻止的孩子們之間的糾紛。孩子們的立場和想盡情享受閨房之樂的夫妻截然不同，所以很擔心會有弟弟妹妹誕生。因為當時發生性關係時沒有辦法徹底做好避孕，所以會顧慮到懷孕生子、養育等問題，無法恣意享受性愛。但好笑的是，擔心的人居然不是夫妻自己，而是他們的小孩。孩子們擔心若有弟妹誕生，日後自己就得負責更多勞務了。直到一九八〇年代，韓國家裡的哥哥、姊姊背著年幼的弟妹，照顧他們吃飯的情況還是很常見。子女眾多的家庭裡如果又生了小孩，甚至還會讓長男、長女負氣離家出走。養育年幼的弟妹，就是靠哥哥姊姊如此大的犧牲所換來的，更何況是朝鮮時代的人呢？這個故事完整傳達了當時性生活的概況。

但是琴瑟和鳴的夫妻倆，也不可能就此放棄閨房之樂吧？於是他們想出了這個妙計。

隔日，翁婦遣五子而牧牛馬。五子辭出而不往，屏息窗外，狙聽所為。翁婦將賦高唐*，各進嬌語。

---

*譯註：「賦高唐」指準備行雲雨之事。《高唐賦》由戰國時代宋玉所作，其中對雲雨的描寫被認為暗指男女交歡，是成語「巫山雲雨」的由來。

翁撫婦之兩眉：「這何物耶？」婦對曰：「所謂八字門。」
指眼曰：「何？」對曰：「望夫泉。」
指鼻曰：「何？」曰：「甘辛峴。」
吻口曰：「何？」曰：「吐香窟。」
指頤（下巴）曰：「何？」曰：「舍人巖*。」
撫乳曰：「何？」曰：「雙嶺。」
撫腹曰：「何？」曰：「遊船串。」
岸曰：「何？」曰：「玉門山。」
毛曰：「何？」曰：「甘草田。」
玉門曰：「何？」曰：「溫井……」
婦旋撫陽莖曰：「這何物？」對曰：「朱常侍。」
囊丸曰：「何？」曰：「紅同氏兄弟。」

*譯註：「舍人巖」位於韓國忠清北道丹陽郡的「丹陽八景」之一，是屏風般的壯觀岩壁，朝鮮時期即為名勝景點。

言未已，五子謦咳而入，翁驚而出，驚叱曰：「老狗子（兔崽子）！予教爾終日牧，胡去而即返耶？」五子曰：「冤哉，受叱也。牧之既飽，浴之既休，間關歷險，不以為慰，乃反譴為乎。」

翁疾聲罵曰：「去來方半晌，何地牧、何水沐、何處浴，而誑我至此？」五子齊應曰：「初由八字門而出，過望夫泉、甘辛峴，歷吐香窟、舍人巖，躐踰雙嶺後，越遊船串，登玉門山，秣甘草田，浴於溫井水。」翁尤忿，持大棒逐之曰：「誰有見者乎？」五子走且應曰：「寧無見乎？朱常侍紅同氏兄弟，可以證矣。」

最後夫妻倆只被嘲弄了幾句，事情也沒辦成，不知該有多麼冤枉。雖然內容充滿嘲諷，但這個故事忠實呈現出朝鮮時代的夫妻，性生活會被孩子們嚴重妨礙的事實。除此之外還有許多夫婦努力避開小孩耳目，只求一解性慾的。我們來看一下其中題為「元日聽禽」的佚事。

某個村夫，正月初一時想與妻子行房，妻子因為幼子在旁，很是在意。丈夫於是對兒子說：「爾往此路聽禽聲，以占今年農事。」

俗語說，元日早晨，鳩鳴而豆盛，鳥鳴而穀實，烏鳴而果茂。於是兒子便出家門，藏於窗間，窺父母所為。夫妻旋共赴巫山，雲雨聲不絕。不久完事，兒子適入家門，父問：「有何聲？」

兒子應曰：「別無禽鳥聲，但今歲兒輩必盛。」

父曰：「何也？」

兒子答：「兒之家忽大鳴矣。」

父默然不語。

不分時代或地區，大部分人都會選擇隱密進行房事，男女交歡便是這麼神祕的一種行為。就算所有孩子皆因父母的性關係而生，但父母仍然認為性事被子女看見是件羞恥的事。儘管如此，孩子們仍會察覺父母的舉止，或者有偶爾撞見的可能。不過，既然住在同個空間，這是很自然的事。有時是聽到聲響，有時則是沒有多想走進房間，不小心撞見的。

另一方面，上面的故事是年幼的兒子偷看了父母情事，並悄悄透露讓父親知道。前面「五子嘲父」的故事也是同樣情況。回顧朝鮮歷史，偷窺男女同寢之事，並不被認為是個奇怪的行為。最具代表性的例子就是，朝鮮有偷看新郎、新娘洞房的風俗。雖然這簡直就是一種偷窺癖，但當時的大眾對此相當包容。金弘道和申潤福的風俗畫中經常出現男人偷窺女人的裸體，也是因為如此；也許該說，偷窺成了一種風俗習慣吧！在朝鮮時代，人們不僅不把偷窺他人性事當成犯罪，甚至還明目張膽地享受這種樂趣。

前面的兩個故事告訴我們，在偷窺癖氾濫的朝鮮社會，夫妻們最該提防的對象就是自己的小孩。但阻礙夫妻的自然不只小孩們，還有公婆。尤其是婆婆妨礙媳婦性生活的事蹟，更是各種民間故事中最常出現的題材。至於家中的寄宿者，對夫妻而言偶爾也很像不速之客。因為大家族制度的關係，已婚的兄弟還是會住在同一個屋簷下。以下「叔姪問答」的故事就屬於這種情況。

某家居一士老及其姪兒，姪兒年少嘻笑，士老偶語姪兒曰：「儂家百物，易毀難得，其最者，寢席與單衾（草蓆與被子）也。」

姪兒徐徐應聲曰：「如患寢席易毀，宜剪尊叔足爪；如患單衾易毀，宜剪女叔（叔母）足爪。」

士老聞言大笑曰：「小子毋多談！」

這故事意指進行性事時，位在上方的叔叔腳趾甲會刮壞墊在底下的草蓆，至於躺在下面的叔母，她的腳趾甲則會刮壞被子。連住在家裡的姪子都得顧慮，可見朝鮮時代的夫妻們，得跨越的障礙可不只一二。

淪為主人玩物的婢女們

茶山丁若鏞在《牧民心書》中提到，世上最可憐的存在是汲水婢（負責汲水的官婢）。但實際上，有比汲水婢更值得同情的人物，那就是供權貴家庭私下使喚的「私奴婢」。官奴婢因為隸屬國家，雖然也要受勞動之苦，但工作的量是固定的。然而私奴婢不僅沒有勞動量的限制，而且不管主人吩咐什麼，都得全盤照做，甚至被主人侵犯的例子也層出不窮。接下來介紹《禦眠楯》中的一個故事。

有一書生，嘗悦婢二月。常挑逗之而不得，書生暗思曰：「彼女雖剛強，若誘於暗中，當無辭矣。」

一日，生趁夜潛內室，群婢睡熟。書生直入二月被內，則二月拳之甚苛，不似女力，生懼為爺孃所覺，還出廳舍，而兩手據地，匍匐寸步。適有一婢，放小兒尿於庭除，回見則隱隱有四足之物，認是犬也，遂呼：「般般！（狗名）」，而生亦吠犬聲而去。

雖然名叫二月的這個奴婢勇敢嚴懲了心懷不軌的主人，但這種結果極為少見，甚至可能只是編出來的而已。兩班們虎視眈眈想強占婢女的情況，多得數不清；站在妻子的角度，也只能對丈夫保持警戒而已，來看看以下的故事。

己未年，朝廷令由內禁衛中擇良從軍，徵軍身分含身長。身長足者，方有內禁衛軍應試身分。

泰仁縣有一姓任之人，素好竊婢。任氏如往常匿潛婢女房，然妻察而尾隨其後，任氏入婢女房，見所持燈火光明，屏息倚柱而立。

妻舉燈相問：「於此處行何事？」

「我欲從內禁衛應試，需量腎長（生殖器的長度），不知合格與否……」

任氏如此佯裝妄言，其妻即呼：「何處擇人，量何處身長焉？」

言畢妻怒，尋大棒責打之，任氏恐而奔逃，大呼：「汝不欲我出世否？」

聞言者皆捧腹大笑。

因為有妻子的監視，丈夫對婢女的夜襲失敗了，而他胡言亂語極欲辯解的段落，也讓人忍俊不禁。利用同音異義字「腎長」玩的文字遊戲，也帶出一種獨特的詼諧感。另一方面，若聽見主人夫妻在門外爭執，婢女們想必會被吵醒，但文中完全沒有提及。故事把重點放在女主人的情緒和男主人的狡辯上，並把這當成笑點之一。在整個過程中，婢女被描繪成一種讓男人排解慾望的手段。

因為大部分的婢女都沒有個人專用的房間，所以男主人偷偷潛入她們房間的可能性其實不高。萬一真的發生了，大概就是個真的很蠢，或者對此事相當不在行之人。不過婢女對男主人而言，便是只要下定決心，無論何時都能到手的性奴隸般的存在。來看下一則故事。

一朝官姓李，喜竊婢。一日，揪婢於園中合歡，綢繆繾綣之形，掩映林間。奴輩窺之，以謂盜賊，持棍大呼。

李氏窘甚，匿其婢於折樹枝間，突現身曰：「盜賊何往？」

奴輩始認之，掩笑曰：「踰牆垣矣。」

李徐步入曰：「我若見之，一擊可殺矣。」奴輩掩笑相肘而退。

雖然是篇詼諧諷刺的故事，但對於被男主人強占的婢女而言，則讓人笑不出來。況且男主人甚至不是趁夜悄悄上門，而是在大白天裡把婢女拉到庭院中想一解性慾。由此可見當時主人們性侵婢女的事件不知有多常發生，才會把這種事當成笑話看。而且其他下人還必須搬出追趕小偷的藉口，才能擋下了主人的惡行。由此可見當時奴僕的處境之低下，而且故事裡完全沒有提到婢女的感受，或她的處境如何，只停留在指責主人行為不當而已。

儘管婢女的處境就是這麼悲慘，但對她們而言，至少還有家庭這個避風港。那麼婢女們的婚姻生活又是如何呢？來讀這則「村奴馬戲」的故事。

村家一奴與妻，往耘數頃田無獲，積日持久。主翁怪之，一日往視之。田中一大樹，樹下寬數席許，足跡交踏，去莠未半。

隔日明曉，翁先上樹而匿於枝葉蒙密中，窺其所為。不久，奴與妻至樹下，就耘才半餉，女呼夫曰：「作戲，若何？」

夫曰：「諾。」

各赤身，女俯立踏足，作牝馬態，夫兩手據地，馳似雄馬，鼻就玉門（陰部）而作馬鳴，回頭反脣玉門。適見樹上，則主翁蹲坐。

奴駭惶而走，女不知所以，踏作馬聲曰：「隘用……那裡去耶？」

奴又作馬聲曰：「隘用*……見樹上。」

雖然文字把奴婢夫婦的性生活娛樂化了，但這其實是個非常悲傷的故事。夫妻倆想要自在地纏綿，最後選擇的地點竟是田裡。因為奴僕們不可能有多好的寢室能睡，考量之下才不得不在田間寬衣解帶。而且老主人居然跟到田裡偷看，連夫妻的性生活

＊譯註：「隘用」方言，馬鳴聲也。

都要監視，這是個多麼悲慘可憐的事啊！由於夫妻兩人是在田裡像野獸般衣不蔽體地嬉戲，竟也被描繪成一個丟臉的故事。由此可知，當時的奴僕深受藐視的程度。

成為最佳新郎官的條件，男根

在東西洋各式豔談中，一直以來都有許多和「男根」有關的各色夢幻故事。最具代表性的世俗觀念是男根越巨大，代表精力越旺盛，性能力也會很傑出，因此人們開始偏好擁有碩大男根的男性。雖然無法確認真假，但《禦眠楯》中也出現了以這種觀念為背景的故事。首先，我們來看一下某對夫婦對於納婿的煩惱。

古阜郡，有一景進士，聘扶安林氏之子為婿。花燭之夜，林子臍下發腫，不講雲雨。景女因泣，失聲慟曰：「敗我者，爺孃也，郎君真一刑人也。」景大駭，即走往扶安抗辯大林，大林答曰：「子息之物，何時見乎？前日石橋捉魚時我曾暫見，左手掬之則右囊餘，右手掬之則左囊餘。」即子之物過於常人，不行男事乃無稽言談之辯。

大林又言：「況吾子使婢子莫德作妾，已得二兄妹，產長，千萬勿疑。」景猶疑，而其舊婿姓禹，景使禹驗明新婿之物。禹見機驗瞰其陽道（陰莖），疾呼曰：「舅乎！姑乎！新婦有福哉，林郎之物，甚是敦篤哉。」

林姑爺是否能行大丈夫之事，理應由新娘來確認，但在真正確認之前，光聽到他的男根壯碩，就足以讓丈人丈母的擔憂一掃而空。這意謂著當時人們是用男根的尺寸來判斷男性精力的。那麼，實際上朝鮮時代的女人們，真的偏好陽具壯碩的男性嗎？接下來要介紹端宗1年（1453）9月27日的紀錄：

李蕃之父李孝敬，病風者也。其妻薛，與其奴通，又與弟夫順平君李羣生、隣人金澣通焉。所私者來，薛則叱孝敬使往他處而奸之，於是醜聲聞於全國。金文起之女嫁李蕃，見其姑（婆婆）有醜行而無所懲，故效之。李蕃陰痿，而金女聞隣人林仲卿陰大，先令婢奸，遂自通焉。金女又與同里判宗簿寺事皇甫恭、前錄事黃仁軒之女結黨宣淫，聞人陰大，則必通，二女皆室女（處女）也。每至黃昏，與所私者潛聚白岳山麓僻處，戲飲。一日，隣人禹繼孫之兒上樹摘菓，俯瞰金氏園，有男子擁美女於林莽間。兒潛偵之，乃李蕃妻也。李蕃稍知之，托言歸母家，及夜而返，見文起女與林仲卿同臥。李蕃直入捕之，群婢叢來制蕃，蕃反為所毆，然亦不告官。

至此，西部上報憲司。大司憲朴仲林，與金文起為親戚，延而不治罪。故司諫院請下義禁府鞫之，至癸酉靖難後，大赦釋之。

金文起誇於人曰：「近日鐵槌相交，吾女之罪冰釋矣。」

故事內容概括如下：李蕃的父親患有瘋瘋，但他的母親行為不正，常與外面的男人私通。不幸的是李蕃自己也是陽萎患者，因此他的妻子金氏也照著婆婆的榜樣，犯下私通之事。而且與金氏通姦之人的共通點，就是都以陰莖的尺寸聞名。金氏甚至還與尚未出嫁的兩個女人結黨，一起與男人們廝混。她們的荒淫舉止最後雖然曝了光，但因為首陽大君（世祖）發動癸酉靖難，才得獲赦免。這些女性的行為大膽到讓人難以置信，而且居然是發生在「儒學國度」朝鮮的事。這個故事的重點，在於當時的女性們確實偏好男性擁有巨大男根，也就是對於 Big Penis 的冀望。這種男根信仰也出現在下一個要介紹的故事當中。

某個鄉下小村落裡住著一位非常美麗的少女，她非常聰慧，又善於文章。她的村子裡有四個青年，四人都還未婚。第一人以文采出名；第二人舞藝出眾，被稱為未來的將軍之才；第三人是個大富豪，擁有眾多田地。最後一人是殮屍之人，但他的陽根極為巨大強壯，據說把裝有石頭的袋子吊起，用力的話，竟能讓頭穿出。

少女的父親想從四人中擇一納為女婿，但遲遲難以決定，於是放手讓女兒抉擇，女兒便寫了以下文章：「自古善文之人自招禍害，能武之人卒於沙場，田地多者則梅季受害深重。能穿石袋者，最合奴家心意。」

雖然表現得很迂迴，但這故事中也揭露了人們對於 Big Penis 的偏好。女人想要的男人，不是前途光明的學者，不是有錢的富豪，也不是強大的武士。她選出的最佳新郎官，是能夠與其相愛，共享雲雨之歡的男人。女人們盼望著巨大男根的心願背後，有著想和丈夫共享歡愛的慾望，而且 Big Penis 只是這慾望的象徵而已。當時女性們理想中的男性樣貌，也能從《禦眠楯》裡的這個故事中一探究竟。

村人，有耘田者，田有上下。下田耘者，數十人，上田唯夫與婦並耘。下田十餘漢，善談謔競論，淫慾令人頗為動搖。

上田婦，責其夫婿：「爾不聞下田喧笑奇談乎？長夏永日，欲忘辛逐眠，莫過於此。爾口緘乎？爾飯闕乎？何不一開口破寥？」

而夫答曰：「終日虛談，舌徒勞矣，飽易飢矣。我則乘黃昏抵家，撐爾臀挾爾腳，盡心搖我物入汝玉門，合為一體而相激出聲，如九牛之踏泥然後，實可快矣。」

投鋤遽至其前，撫其背曰：「吾無敵也，吾無敵也。」

結論就是，不管從口中說出多少淫談謔笑，還是比不上實際享受的性愛。再來看一則類似的故事。

有一位村夫，一次他出外返家，看見妻子正賣力地舂著剛從田裡收穫的新穀，非常辛苦。但丈夫在外轉了一天，極其疲憊，就算到了晚上，也絲毫沒有跟妻子同寢歡合的念頭。妻子工作了一整天，只盼望著夜裡的閨房之樂。期待落空後，妻子怒氣攻心，另一方面又對丈夫冷淡以待。

隔天早上，還沒消氣的妻子平白無故地對孩子們發怒，她敲著孩子們的頭說道：「米袋都空了，你爹還不想舂米*，要用什麼作飯哪？」

接著妻子走向杵臼，舂一次休息十次，有一搭沒一搭地舂米洩憤。這時村夫蓋上棉被躺著，突然默默感到褲子下方有突起感，於是偷偷喚來妻子，說道：「我有德的夫人哪，請入內替郎君檢查褲子吧！」

妻子慢慢走進房間，一副責難的口氣道：「你這老狗要把褲子穿在哪兒呢？」

這時村夫立刻將妻子就地正法，一番纏綿過後，妻子輕輕一笑，開門叫喚孩子們：「你們舂米準備作飯吧！日頭已經很低了。」

不久之後，見早飯送上來，村夫開心地吃完後，用筷子指著自己腰間之物，開玩笑道：「托此物之福才吃上了早飯，那此物也得好好享用才行。」

*譯註：搗米、舂米等動作在韓文中有隱喻性行為之意。

妻子這時正好待在廚房，聞言笑問：「難道所有東西都能隨便吃嗎？」

而村夫回：「活著的東西有什麼是不能吃的呢！」

於是妻子如是說：「鍋中仍有剩飯，倉庫仍有米數斗，就算一日煮九次飯呈給郎君，又有何不捨的呢！」

不論是過去或現在，妻子們真正期盼的理想丈夫，都是愛自己的男人。其中的重點，自然在於閨房之樂。其實，朝鮮時代的妻子們沒有什麼機會度過愉快的休閒時光。在那個時代，她們不可能像現代人一樣去逛街，或跟同學們在咖啡廳暢快談天。她們不僅不可能外食，甚至無法隨意外出，這就是當時閨中婦人面臨的現實。待在家料理家務事、照顧小孩，甚至還得耕田種菜，她們的處境疲憊且孤獨。對她們而言，跟丈夫之間的性生活，幾乎是追求快樂的唯一出口。也許對 Big Penis 的渴望，就是在表露她們在壓抑的人生中，想擁有快樂性生活的期盼也說不定。

為小新郎小新娘準備的性教育

世宗十二歲成婚，至於茶山丁若鏞則是在十五歲時成婚。從現代角度來看，就大概是小學五年級和國中二年級的年紀。這顯示朝鮮時代的民情是在很小的年紀就早早成婚，而「小新郎」一詞也源自於此。對小新郎而言，成婚的同時會面臨一大難關，就是進行性關係。結婚初夜必須和新娘洞房，但絕大部分的小新郎，其實都不知道該怎麼發生性關係。接下來介紹一個與這有關的幽默故事。

某家有一位新婚的女婿，他性情愚鈍，不太懂人情世故。一天，他悄悄向親近的友人詢問：「女子之玉門，究竟為何物？」

朋友告訴他，就像丘陵上長了黑色的毛髮，而兩側有著紅線的就是玉門。聽到答案的愚鈍小新郎，只知道不停點頭。之後春夜漸深，月光稀稀落落地映在紙糊門上，女婿偷偷進了內室。他看見像丘陵，烏黑且有紅色邊線的東西，就迅速將自己的陰莖插入，但那居然是丈人的嘴。

女婿大吃一驚，趕緊逃到廚房的天花板下偷偷躲起來，老丈人被這騷動驚醒，叫來婢女說：「妳們把魚收好一點吧！有貓來偷吃我的嘴了。」

接著丈人拿著巨大的棍棒繼續翻找。走到天花板下，便將手探進夾層，摸到了女婿的陰莖，龜頭滲出的液體沾濕了丈人的手，老丈人大吃一驚道：「明天早上別吃粥了，碎米都餿掉了。」

女婿最後回到寢室。隔天早上，他對朋友說：「你說錯了，我體驗了一次發現不是。」

朋友也非常吃驚：「第一次見到你這種天真無邪的人。」

又到了晚上，愚鈍的女婿看見家中有著隱約發出紅光的東西，他又像上次一樣偷偷潛進去，將陰莖塞入。但其實這是婢女們用完擺著的炭熨斗，女婿的男根自然都燙熟了。他受不了如此劇痛，逃到庭院裡的油菜花叢間，發著抖來回踱步，花瓣都沾在他的男根上了。

隔天早上，女婿在花圃間小便，低頭看看自己的陰莖，接著就地坐下，兩腿張開，用手指捏下沾在上面的花瓣。這時正好丈母娘從外面進來，看見此景，連忙叫他：「喂，女婿、女婿。」然而女婿急急忙忙地逃走了。

丈母娘進到家裡，跟丈人說：「人家說就算再疼愛女婿也沒有用，看來此話不假啊！我早上看見我們女婿，他手裡不知怎麼抓著一隻黃鶯，我想可以送給愛哭的小孩，所以趕緊叫了他幾聲。但女婿他居然逃跑躲了起來。這太過分了吧？人家說愛婿乃妄言，果然是對的。」

雖然知道得跟妻子合宮，卻完全不知該怎麼做，這篇故事用詼諧的角度描繪了小新郎的煩惱。其實在朝鮮時代，為了避免這等慘事發生，都會對男女雙方進行性教育。首先，來看一下對男性的性教育。負責男性性教育的地方是書院（私塾），書院裡有一個科目叫「保精」，這是一種生理學教育，當然內容非常貧乏，充其量只是叫人遵守性事的分寸，要端正舉止的程度。假如男性成婚，或者快要行成年禮，長輩們也會進行稍微具體一點的性教育。這時會讓男子背誦一首純韓文題名為「상투 탈막이」（**Sangtu Talmagi**＊）的七言詩，詩的前半部是這樣的：

＊譯註：Sangtu 為髮髻之意，Talmagi 應為固有名詞，無義。

洞裡桃花何處尋？
都來一寸二分沉。

看第一句，就知道這首詩的內容是在講女性的身體。但光憑這點內容，還是很難成功達陣。畢竟光憑這樣蜻蜓點水的理論，在具體應用上還是有限度的。所以他們還準備了其他方案，就是所謂「入叔廂房」的習俗。即將成婚的小新郎會以跑腿等藉口，被送去伯父或叔父家中，傳授他們實際的性愛技巧。站在父親的立場，實在很難對孩子開口講述性事的細節，所以就讓自己的兄長或弟弟代為教導。

小新郎另外還必須接受一項性教育課程，就是了解有關女性身體的教育，所謂的「保精日辰」；教授「保精日辰」的人大部分是家裡的祖母。不管怎麼說，由母親直接教導的話，還是會有些羞於啟齒的部分。讓祖母教孫子「保精日辰」之後，據說還會有測驗，由此可知當時將這視為一等大事。

保精日辰中，最重要的部分莫過於適合合房的日期，也就是所謂的「歸宿日字」，是跟女性生理週期有關的教育。換句話說，「歸宿日」就是「播種日」的意思。朝鮮時代的男尊女卑思想極為強烈，因此好的種子，其實就等於兒子，至於「歸宿日」就是適合懷上優秀兒子的日期。

對朝鮮時代的夫妻而言，最重要的責任是生下能夠傳宗接代的兒子。這和夫妻間發生性行為的主要目的，是一脈相連的。因此女性們最需要熟知的性教育內容，就是如何懷上兒子。明確定出合宮日期的歸宿日，也是為了能生下優秀的兒子，一番苦惱後得出的結果。

歸宿日最初是由誰、在何時訂定的，至今仍不清楚。雖然出處不明，但觀其內容，便可以知道這是以陰陽五行為基礎所制定出來的。其實朝鮮時代的婦人家，大多都會背歸宿日字，甚至記得滾瓜爛熟。最具代表性的，正是「春甲乙，夏丙丁，秋庚辛，冬壬癸」這段文字。

想了解這個句子，首先要了解陰陽五行中的干支。陰陽五行的基本原理是宇宙之氣，分為陰、陽；萬物皆受此陰陽之氣，分為五行。這五行分別是金、木、水、火、土。陰陽五行的原理也適用在日期和方位上。

干支則是指天干和地支。天干又被稱為「十干」，是指支撐天空的十根支幹，有「甲、乙、丙、丁、戊、己、庚、辛、壬、癸」。地支又被稱為「十二支」，意為組成地表的十二個支幹。地支有「子、丑、寅、卯、辰、巳、午、未、申、酉、戌、亥」，將十干和十二支相互組合起來，總共會有六十個干支，這也稱為「六十甲子」，六十甲子也能用來標示年度及日期，以甲子、乙丑、丙寅等型態標示。

干支也適用陰陽五行的原理，十個天干各自被劃分為陰陽及五行屬性。甲、乙與木結合，為陽木及陰木；丙、丁與火結合，為陽火及陰火；戊、己與土結合，為陽土及陰土；庚、辛與金結合，為陽金與陰金；壬、癸與水結合，為陽水及陰水。十二地支也被劃分為陰陽及五行屬性，寅卯屬木、巳午屬火、辰未戌亥屬土、申酉屬金、子丑屬水。季節的分類也適用陰陽五行原理，春屬木，夏屬火，秋屬金，冬屬水的屬性，但土則不適用。

理解了陰陽五行與干支的基本構造後，就可以來分析歸宿日字的意義了。將「春甲乙，夏丙丁，秋庚辛，冬壬癸」這段文字拆解來看，表示春季時的好日子是有甲、乙之日，夏季是有丙、丁之日；秋季是庚、辛，冬天則是壬、癸。人們相信在符合陰陽五行原理的日期合房，就能得到適合的氣，生下優秀的子嗣。

如果是出身兩班的大家閨秀，還得了解更詳細的歸宿日字，也就是所謂「春甲寅、春乙卯、夏丙午、夏丁巳、秋庚申、秋辛酉、冬壬子、冬癸丑」。即春天適合在甲寅、乙卯日合房；夏天適合在丙午、丁巳日合房；秋天適合在庚申、辛酉日合房；冬天則適合在壬子、癸丑日合房的意思。以上的日期皆為同一五行重疊三次*的日子，以頻率來看的話，一個月只有一次。換句話說，這也意謂著夫妻間一個月至少要發生一次關係。

懷孕的準備還沒有就此結束，想懷上優秀的子嗣，女性來潮的經血顏色也很重要。當時的婦人家在月經即將結束時，會用經血的顏色來確認適合懷孕的時機。如果經血泛著金光，就表示適合懷孕，太紅或顏色太淺，就會判斷是時機尚早。從經血泛金光開始算起的四天內，如果在單數日行房，就能得男，雙數日行房則會得女。根據陰陽五行學說，單數屬陽，雙數屬陰。因此古人認為男女在陽日合房，會生下兒子，在陰日合房，則會生女兒。

除此之外，根據《胎教新記》一書，發生性關係時朝向不同的方位，會決定未來孩子的五官長相。《胎教新記》是師朱堂李氏，在正祖24年（1800）為孕婦所寫的胎

---

*譯註：指「春甲寅、春乙卯、夏丙午、夏丁巳、秋庚申、秋辛酉、冬壬子、冬癸丑」為：木木木、木木木、火火火、火火火、金金金、金金金、水水水、水水水。

教指南。隔年，她的兒子柳僖則刊行了此書的說明並加上諺解*。我們來看一下部分的內容。

於南方懷胎，小兒口寬，因南人喜寬大仁厚。於北方懷胎，小兒鼻高，因北人喜堅強意志。此乃氣質之德，以十月養之，感懷而成。

朝鮮時代就像這樣會進行一定程度的性教育，終極目標在於生出優秀的子嗣。但會遵守這些規則的，僅限少數的兩班家庭而已。不過，大部分百姓們成婚時對「性」可說一無所知，只能透過周邊聽來的經驗、建議，或者依循本能的慾望來經營性生活。《禦眠楯》中的一干逸事，便是這種無知下的產物。

*譯註：諺解，指以韓文白話（諺文）說明漢字文章的版本。

舔陰與吹簫

朝鮮時代也存在口交（oral sex）行為嗎？

既然時至今日，還是有人把口交視為是一件醜事，在朝鮮這種對性極為閉鎖的社會，更是對此非常忌諱。口交在字典中的定義如下：「使用口、舌、食道、牙齒、口腔內壁進行之性行為。」簡單來說，就是以口愛撫性器的行為。口交分為舔陰（cunnilingus）和吹簫（fellatio）兩種，前者由男性對女性的性器口交，後者是女性對男性的性器口交。

也有國家認為口交行為過於齷齪，以法規明令禁止。最典型的例子是新加坡，新加坡法令禁止以前戲之外目的所進行的口交行為。意思是在發生性關係的過程中可以發生口交行為，但如果口交本身就是最終目的，則是違法的；還真是讓人忍俊不禁的一條法律。當然，會出現這樣的法律一定有其原因，據說當地希望廢除的聲音也越來越多，想必未來有一天會正式廢除。

再回到主題，來看看朝鮮的例子。對性極為閉鎖的朝鮮社會，究竟是否容許口交行為呢？《經國大典》或當時施行的法令中自然沒有紀錄，不過，有幾份文獻中曾找到相關的痕跡，來看以下故事。

關西，有一村名非指村。昔有一客，值蠶月，方求採桑，闖一富家，旁有桑樹蒙密中，客潛就樹底。而長麻翳鬱，環其樹數畝，平坦似有人往來之跡。客以為乃群兒遊戲處，爬藏於樹叢枝幹中摘桑。

俄有一漢，自外倉皇直奔樹下，倚立彷徨，長嘯（口哨）數聲，屏氣候之。已而，有一美女，年可二十許，姿容殊麗，持一器酒一盒肴，自富家出，忙遽祕跡而走抵漢所。而漢不暇　酒，先即奸之。雲雨方散，兩人交頸而坐。

女語於漢曰：「相愛之間，當示肺腑也，我當啣君之玉莖，君亦啣我之玉門否？」

漢曰：「諾。」即露玉莖，則女就而啣之。女旋請視玉門，則漢熟視曰：「玉門凹陷難啣，納我長指，抽而啣之，當無關耶？」

女曰：「諾。」漢即納長指後，抽而視之，陰液淋漓，頗難啣之，匿其指，即啣他指。

女怒曰：「君不若我矣，此非其指也。」漢曰：「是。」兩人遂相爭，採桑客在樹上，以指俯而指之曰：「彼指則是，此指則非也。」

漢聞聲惶怖顛仆而遁。其客即下樹，執其女奸之後，盡啖其酒肴，摘桑盈筐而返。故，村之得名，蓋由此「非指」也。

這個故事中同時出現了吹簫和舔陰，甚至還是故事中的女子主動要求想被服務的。雖然這只是淫豔之文（出自《禦眠楯》），但也暗示了朝鮮社會的確盛行口交一事。

口交的歷史非常久遠，尤其舔陰從很久以前就是非常盛行的前戲動作。根據紐西蘭奧克蘭大學麥克·潘姆（Michael Pam）教授的研究結果，舔陰是男性的本能動作，目的是不希望喜歡的女性被其他男性搶走。也有生理學上的研究指出，達到高潮的女性，懷孕的機率會增高許多，至於舔陰則能促使高潮的可能性大幅增加。因為男性以口刺激女性陰部，使其達到高潮的話，陰道收縮會更加頻繁，懷孕的機率也會提高，於是男性們便希望藉此在女性身旁的競爭者中，獲得占領優勢。潘姆教授的研究結果指出，男人身邊的女性對象越有魅力，男人在性行為上就越會執著於舔陰。因為越有魅力的女性，就有越多男人會在她身邊虎視眈眈，為了抓住她的心，就會在力求表現的過程中下功夫在口交上。這一切的行為都源於人類的動物本能。

印度的日報《德干紀事報》（Deccan Chronicle），也曾介紹一篇有關舔陰科學依據的研究。根據其研究結果，舔陰會促進女性分泌催產素，催產素又常被稱為「愛的荷爾蒙」，能預防心臟疾病及相關癌症，減緩頭痛，也對助眠很有幫助。除此之外，甚至有提升男性免疫力的效果，舔陰可以說對男女而言都是很有效的妙計。

當然，舔陰行為不可能只有優點。人類乳突病毒（Human Papillomavirus，HPV）是造成子宮頸癌的主因，要是男性為感染HPV的女性口交，自己也可能因此得到口腔癌或咽喉癌。相對地，若感染此病毒的男性為女性口交，女性也可能因此得到子宮頸癌。

儘管如此，大多數的男性仍舊把舔陰動作當成前戲的一環。十九世紀的畫家愛德華—亨利・阿夫里爾（Édouard-Henri Avril），曾在畫作中描繪男性舔陰的情景；中國及日本的春宮圖也經常將舔陰作為畫作的題材。朝鮮的春宮圖中幾乎沒有描繪舔陰的作品，但從「非指村」的故事就能得知，朝鮮也將此事視為性行為的前戲之一，時常為之。

那麼吹簫呢？也有不少現代女性會排斥吹簫的行為，根據韓國某統計，二十幾歲的情侶們發生性關係時，女性為男性口交的情況不到50％。當然這個調查有年齡限制，不應視為常態，但看得出不少的女性都對口交有抗拒感。

然而朝鮮時代卻有些不同。前面介紹的非指村故事中，也把吹簫寫成小事一樁，這也表示當時發生性行為時，並不把為男性口交當成一件奇怪的事。或許還被認為理所當然也說不定。基督教盛行之前，古希臘或羅馬時代都不曾禁止過吹簫行為。朝鮮時代也一樣。吹簫自然而然被當成是性行為的一部分。

一般是把「將男性陰莖放入口中，用舌頭舔或吸吮的動作」稱為吹簫。甚至依深度或程度不同，會出現不同的用語。例如，將陰莖深深放進口內的行為叫做「深喉嚨」（deep throat），男性強制將陰莖壓入對方喉嚨的行為叫做 irrumatio。

不過吹簫的英文字 irrumatio 和 fellatio 兩者有嚴格的差異，因為 irrumatio 主要是有「被虐性慾」（masochism）傾向的變態性慾者才會進行才會進行。在古羅馬時代，除了 fellatio 之外，irrumatio 也很盛行。

印度文化圈也沒有禁止為男性口交，吹簫反而被視為一種繁榮的象徵。描寫男女性愛的古書《慾經》（Kama Sutra）中，也介紹了一〇八種性交姿勢，其中就包含了各種形式的吹簫姿勢。甚至佛教經典中，也曾出現把吹簫描繪成神聖行為的段落。

某一天，佛陀與阿難經過一座墳邊，看見一對夫妻準備了食物，在墓前祭拜並大聲痛哭。佛陀聽見妻子的哭聲，重重嘆了口氣。

阿難問：「如來您為何嘆息呢？」

佛陀回答：「此女曾在戰爭時誕下一個兒子。她愛兒極深，於是以口吸吮孩子的性器。過了三年之後，母親突然生病，在臨終前摸著兒子，吸吮他的性器並說：『來世重生，我們將世世代代結為夫妻。』而她投胎成為鄰家的女兒，現在前來祭祀自己和丈夫的遺骨，感懷而泣。只是我知其前因後果，方才如此悲傷罷了。」

在這個故事裡，吹簫被描繪為愛的象徵。佛陀對此非但沒有苛責，甚至能同感母親深深的愛與悲傷，對她感到憐憫。可見得釋迦牟尼生活的年代，吹簫被認為是件能表示愛意的神聖舉動。

至於南美文化中，也發現了稱頌吹簫的文化。西元前一世紀到七世紀間，南美古文明「莫切文化」（Moche civilization）出土的文物中，有許多描繪吹簫的雕像。中國和日本也不例外，中國的春宮圖中有許多描繪吹簫的作品，日本則甚至還留有描述吹簫的詩詞。像這樣東西各國皆盛行吹簫的情況，其實並不奇怪，口交只是人類世界普遍的性行為之一而已。

第 3 部

朝鮮的性意識與性醜聞

性意識（sexuality）是總括人類的性慾、性行為，以及相關社會制度和規範的概念。指的是除了對性的認知、態度、情感和價值觀之外，還能反映法令、道德律、風俗及行動模式的一個整體的性文化。要檢視一個時代的性意識，最好的濾鏡就是緋聞。因為只有在眾人口中翻騰，撼動社會的性醜聞，才能最赤裸裸而露骨地反映出當代看待「性」的觀點。我想透過《朝鮮王朝實錄》中的多個緋聞，來探討朝鮮人的性意識。

7 朝鮮的性光譜

當光透過三稜鏡分散（分光）後，會產生被稱為光譜（spectrum）的色帶，從紅色到紫色，依據光的波長分離出連續的色光。所有波長範圍皆連續分布在一定區間的光譜，稱為連續光譜；只出現特定波長色光的，被稱為線狀光譜。陽光或日光燈等光線，分散時會形成由許多顏色連續組成的彩虹，便屬於前者；至於鈉或氣體放電管等發出的光，則會形成幾條固定的線，就屬於後者。

光譜現象也很適合用來觀察一個時代的性意識（sexuality）。就像光線通過三稜鏡後會依波長分散一樣，透過時代的稜鏡，也能將性緋聞依類型分類並做出分析；這就是所謂的「性光譜」。就像光線可依種類不同分成連續光譜和線狀光譜一樣，在「性光譜」中，也可依照事件不同，導出各式不同的性意識特質。

伸向婢女的「黑手」

舉例來說《朝鮮王朝實錄》中僅被記錄為私通的各個事件，若實際去了解各自原因及事件的影響力，就會知道箇中並不單純。強姦事件也一樣，被害者是否成年？加害者身分為何？以及此事是否與其他犯罪有任何關連等等，這些部分都有必要循著脈絡仔細地調查一番。以下以太宗6年（1406）5月3日的「韓乙生事件」為例進行說明。

王命收前將軍韓乙生職牒，流之遠方。韓乙生，開國功臣韓忠之子。乙生素狂妄不謹，奸私奴金哲之妻名寶排者，有娠。金哲訴於刑曹，乙生逃往本鄉伊川縣，王命於外方定其軍役。未幾，乙生潛還京，又與寶排晝奸，金哲又執而訴之。乙生擅離軍役恣行淫慾，刑曹論其罪。

這是開國功臣之子，同時也身為將軍的韓乙生姦淫婢女的事件。從婢女並未受罰這點來看，她實際上很可能是被強姦的。有權有勢的兩班以威勢脅迫奴僕之妻，強要了她，最後導致她懷孕；而婢女的丈夫金哲知曉此事後，向刑曹告發韓乙生。由此可知金哲並不是韓乙生的奴僕，因為當時的法律禁止奴婢控告主人。之後韓乙生偷偷回到漢陽，又再次與婢女通姦，被判收回職牒並處流配。這次婢女也同樣沒有受罰，所以很可能不是私通，而是強姦。儘管如此，實錄還是將其紀錄為私通的原因，是為了對開國功臣之子韓乙生從輕處置。

在此事件的三個多月之後，又發生了一起很類似的朴希茂事件，來看太宗6年（1406）閏7月8日的記錄。

削前青州府使朴希茂職，流之外方。朴希茂為內沈藏庫提舉，私奸庫婢（倉庫之婢女）成德於直宿所，其夫毛知執希茂而毆之，奪其寢衣而去。同僚告於憲府，憲府舉劾而流之。

這起事件不算強姦，而以私通作結，是因為這是「兩班強占賤人身分的婢女」的事件。但朴希茂仍和韓乙生不同，反而立刻遭處流配。明明犯了同樣的罪，懲處卻不一樣，是因為韓乙生是功臣的兒子。若功臣子女犯罪，當時在量刑上慣例會罪輕一等。當然韓乙生因犯了兩次相同的罪，所以最後也像朴希茂一樣被收回職牒，判處流放。

再來看一則類似的故事，這是世宗12年（1430）10月25日發生的申通禮事件。

議政府據刑曹牒呈（公文）上啓：

「斫木監役官護軍申通禮，強奸官婢古音德，請依律絞。古音德初拒而哭，然其後自來相奸，當以和奸論，杖九十。但一奸事，而男以強奸論、女以和奸論，治罪各異，於法可疑，盼取主上聖裁。」

王曰：「申通禮初使人擒來古音德，音德哭而不從，通禮啓之，乃通，通禮當論以強奸。然古音德亦有夫，而後日自來，亦豈無罪？其罪減通禮一等，餘依所啓。」

刑曹更啓：「通禮之母，年今七十七歲，且有口歪之疾，然強奸罪，常赦所不原，不屬存留養親之例。請決杖流之。」王遂命處杖刑，流配贖之。

這是一個官吏強姦官奴婢的事件。加害者申通禮依法屬強姦罪，是因為他的地位比朴希茂或韓乙生都還要來得低。韓乙生是開國功臣之子，朴希茂是青州府使，但申通禮不過是從四品的護軍罷了。護軍是武官職，也是個會下賜給立功之平民或賤人的官職，威風程度自然不及韓乙生或朴希茂。而且他和同一女子發生了兩次關係，一次是強姦，另一次被認為是私通。依照當時的法律，私通罪應杖責九十下，強姦罪則應處絞刑。世宗最後處申通禮杖責九十，再加上較絞刑次一等的流配刑，就此了結。不過，因為申通禮家有老母，需要人奉養，最後他的流配刑得以罰金贖之。韓乙生、朴希茂、申通禮三人雖然都是強姦犯，但卻因為家世、身分、地位有別，各自獲得不同的處分。出身權貴的韓乙生、朴希茂，他們犯的罪被減為私通，相對地位不高的申通禮，則被問強姦罪，最後以減刑處理。

這三個事件，可以說都透過兩班濫用權力強占婢女的事件，導出了一種性光譜。

被正宮痛恨的眼中釘

成宗5年（1474）10月10日，司憲府曾提出以下上疏：

「北部參奉慎自治之妻李氏，與其母李氏，妬慎自治所奸之婢道里，斷髮拷掠，又燒鐵以烙胸膛、陰門，身無完肌，棄於興仁門外山谷間，殘忍莫甚。請鞫問李氏母女。」

朝鮮時代的主人，就算鞭打奴婢，甚至傷其身體，國家也很少給予處罰。但這個事件則不一樣。慎自治住在漢陽北部，其妻李氏和岳母李氏二人，對婢女嚴刑拷打及施暴，情況慘不忍睹，僅次於殺人。而且還把她全身的肉都挖下來，弄得血肉模糊後，把人丟棄在東大門外的山谷之間。就算主人再怎麼樣可以不把奴婢當人看，這種犯罪也已經超乎常識上能容忍的範圍，於是司憲府上疏請求將李氏母女抓來審問。之後慎自治的妻子被押送義禁府，至於這天大的事件，究竟是如何處置的呢？11月1日的記事中，義禁府官吏是這樣稟報的：

「慎自治之妻淑非，與其母莫生，因妬謀殺婢道里，炮烙面上、胸膛、陰門等處之罪，按律屬『家長不告官司而毆殺奴婢者，杖一百，無罪而殺者，杖六十徒一年，當房人口（該奴婢及其家人）悉放從良。』淑非為首，杖六十徒一年，然以婦人，杖一百單衣決罰（兩班婦女杖刑時，僅以單衣〈內衣〉蔽體，並淋上水接受杖打），餘罪贖。莫生為隨從，減刑一等，處杖一百。道里、當房人口悉放從良，慎自治以家長不能禁制罪，杖八十、褫奪告身（職牒）。」

就算主人把無罪的奴婢毆打致死，也只需要打60大板，坐牢一年就可以了事，這就是當時朝鮮的刑法。但是大半的情況都是，連這麼點罰責都無法徹底實施。

成宗曾在經筵*時再次提起此事：「慎自治之妻乃士族之女，不可決杖，何以處之？」盧思慎回答：「曾聞李孟畇妻因妬殺婢，事覺，世宗只流李孟畇而不罪其妻。大司成權採妻又以妬殺婢，乃付處（流配）權採。權採、許稠啟曰：『此乃奴主間事，付處過重。』而世宗即召還。今慎自治之妻與其母所行殘忍，然亦奴主間事，不可決杖。又，律中僅有『擅殺無罪奴婢者，杖六十、徒一年』，今此所犯，律無正條，臣意既非正律，以此律贖之何如？」

「贖」的意思就是繳交罰金，用以免除罪刑的意思。成宗聽了此話點頭稱是，然而鄭昌孫、申叔舟、韓明澮等人卻提出了反駁：「慎自治妻淑非妬悍慘酷，擾亂風教，不可不懲。然婦人不宜決杖，只令付處外方。而自治乃功臣之子，只收告身，亦付處外方。妻既不夫其夫，而妬乃七去之惡之一，宜離異，以正風俗。其母莫生助其女，肆其殘虐，亦令付處外方。」

＊譯註：高麗、朝鮮時代，王講述學問、技術，並與大臣們議論國政之事稱為「經筵」。

對此，鄭麟趾和鄭昌孫又提出了稍微不同的觀點：「慎自治適其時在他處，不知其情，照律處恐過當，請只罷其職。」最後成宗最後聽了鄭昌孫等人的意見，將慎自治之妻李淑非和她的母親李莫生流放到外地。至於慎自治只遭罷職，婢女道里也讓她依律從良，就此收尾。

這事件假如這發生在現代，應該會受到極重的刑罰，但在當時只要身為兩班，就可以能獲得大幅輕判。

被置於犯罪死角的孩子們

以兒童為對象的性犯罪，東西洋從很久以前便都有這怪現象。但人們卻是一直到二十世紀以後，才真正開始將其視為問題。根據某研究資料，兒童性犯罪者中有非常多人都是性偏離*（**paraphilia**）患者。最具代表性的性偏離症狀，就是戀童癖，英文為 **pedophilia**。這個字由意為「孩子」的 **pedo** 和意為「渴望」的 **philia** 所組成。戀童癖的

*譯註：「性偏離」又稱性變態（sexual perversion）；韓文稱「性倒錯」，乃一系列心理名詞，指對於特定人、事物或情境產生性慾偏好。

定義是「滿十六歲以上的人，對尚未進入青春期的小孩產生性慾」。在韓國的心理學中，又被稱為「兒童喜好症」或「小兒喜好症」。當然，我們不能說以兒童為對象進行性犯罪的人，都是因為戀童癖的緣故。因為並不是所有有戀童傾向的人，都會對兒童犯下性犯罪。

雖然只是少數，朝鮮時代也有出現兒童性犯罪的狀況，但沒有辦法確認事件的犯人們是否是戀童癖患者。《朝鮮王朝實錄》中紀錄的兒童性犯罪事件，總共有以下七件。

◆太祖7年（1398）閏5月16日，私奴莇邑金，強奸十一歲女孩，處絞刑。
◆世宗8年（1426）11月17日，平海囚犯金仍邑火強奸女童，按律處絞刑。
◆世宗9年（1427）12月24日，私奴金奉，強奸十一歲女孩，處絞刑。
◆世宗17年（1435）12月22日，江原道鐵原之私奴文守生，強奸十一歲女按律處絞刑。
◆世宗25年（1443）8月29日，典獄署囚犯佛丁強奸幼女，依律處絞。
◆燕山君7年（1501）11月12日，定州囚犯之私奴孫明好，強奸十歲良女內隱伊，處斬刑。

◆中宗18年（1523）閏4月9日，海州囚犯李千山，強奸年九歲女撿注里一事，依律處置。

這些犯人的身分不約而同地，都是私奴婢或囚犯，讓人有些意外。研究朝鮮時代發生的性侵事件，會發現絕大多數的犯人是兩班，或是中人等掌權者，而且不管怎麼說，戀童癖並沒有身分或階級之分。

在上述的七個事件中，有六件是賤人身分的男子性侵賤人身分的女童，剩下一件是賤人男子性侵良民女童。前者犯人皆處絞刑，後者處斬刑，這是依犯人與被害人的身分不同，在刑罰程度上有所差異。反過來說，若性侵犯的身分地位較高，被害者的身分較低，想必連提告或揭發此事本身都很困難。若是位高權重的兩班士大夫對賤人出身又年幼的小女孩出手，那情況就非常無奈了。

實際上，朝鮮時代的法典《經國大典》中，明確列有一條「尊長告發禁止法」。內容如下：「子孫、妻妾、奴婢告父母、家長，除謀叛、逆、反外，處絞。」也就是說，就算主人對下人或下人的子女作出犯法的行為，他們也沒有辦法告發。就算冒著危險告發，但以下犯上本身便屬於犯罪，會遭處絞刑。主人就算性侵了奴婢年幼的女兒，以奴婢的立場而言也是無能為力。

朝鮮時代的兩班男性倘若強占婢女，在法律上也不用付任何責任，就算對方是年幼的小女孩也一樣。甚至，主人把奴婢毆打致死，很多時候也都不被當一回事。因此，並不是有錢有勢的人就不會犯下兒童性侵案，而是他們的罪行想必都被隱瞞了。其中，有人甚至還光明正大地侵犯女童，上了年紀的男人以回春當藉口，把年幼的小女孩帶在身邊生活，享受與女童的性愛，這種小女孩被稱為「童女」。很多貧窮的下層階級，會將女兒賣給有錢人家作童女，而主人也會強占年幼的婢女作為童女。甚至，還有兒子為了年邁的父親特地納童女回家，以示孝行。

當時的社會，就像這樣充斥著富裕階級對兒童的性暴力事件。因此留在實錄中的七件兒童性侵案，只是記錄了身分卑微、出身賤人的犯人所行而已。

消失的陰莖，要開棺驗屍嗎？

太宗3年（1403）5月7日的實錄記事，留有以下的紀錄：

雷雨。豐海道（黃海道）鳳州，有人牽牛而行，震死（遭雷劈死）。而有截死者兩指及陰（陰莖）者，觀察使令照律論罪。

上述紀錄中，並未提及犯人為何要切下死者的兩根手指頭及陰莖；想必是對死者抱有怨恨的關係。實錄中還記錄了好幾件像這樣切下他人陰莖，用以解恨的事件。世祖1年（1455）12月16日記事中提到的故事，是其中最具代表性的。

義禁府啓：「今得李石山屍於盤松亭下，犯以金刃亂刺，去眼割勢，殘忍莫甚。此事須窮治。」

既而王疑之曰：「大抵人死，則顏色（臉色）變異，所謂李石山屍，安知其真耶？」

於是命同副承旨李徽覆檢。李徽至停屍處，檢畢回啓曰：「臣等觀石山之屍，去眼割勢，槍刺之痕遍身。臣等頗疑之，直至閔發之妾莫非家，見外廳濺血滿壁。以紙塗之，或有拭血痕，其廳內地面有削去痕，又以沙覆血。問此何血，其家人急答曰：『治馬血也。』又尋得小鐵槍，以其試諸槍刺之穴，甚相合。又，石山所穿著靴子失一只，而莫非家坐褥下，得氈精（毛皮靴）一只，校之則乃其一只也。又傳石山親母、乳母及申凋等人，問石山身上有何堪驗處，其母云：『足跟有赤黑痕，又嘗因病患，頭髮盡落。』驗之果然。且申凋見屍不覺流涕，石山為閔發所殺，明甚。請囚閔發，並拷訊莫非。」

王從之。

未幾，閔發釋，傳曰：「閔發位至宰相，且有原從之功，不可以疑似囚之。若果真閔發所為，則閔發乃原從功臣也，以何律科罪？」

承政院啓曰：「閔發雖功臣，石山亦功臣之後，功臣殺功臣，則罪無減焉。」

王猶疑之，令覆查懸賞求犯，國人皆知閔發所為，但切齒而已。

雖然人人都知道犯人就是閔發，但世祖因為想包庇他，決意掩蓋這起事件。但閔發為什麼要殺李石山，甚至斷其陰莖呢？看起來似乎與他的妾室——莫非有關。依情況看，李石山應該是在莫非的家中遭到殺害，應該是閔發見到莫非和李石山共處一室，懷疑兩人私通，才起了殺意。李石山是閔發的情敵，切下他的陰莖，等於是殺死了情敵的象徵。成宗3年（1472）4月22日發生的崔界生殺人事件，情節也很相似。

刑曹啓奏：「吉城囚金貴連奸崔界生妻卜德，殺界生，割其陰莖罪，律該凌遲處死，財產給付死者之家，其妻、子流二千里。」

王從之。

這種類型的殺人事件，通常大多是丈夫殺死「姦夫」並割其陰莖，但諷刺的是，這起事件正好相反。事後金貴連的妻子小孩也遭受重罰，因為連坐制度的關係，丈夫或父親犯罪也會被連累受罰。因為報復心而割下情敵陰莖的事件，就像這樣在朝鮮時代時有所聞，其中甚至有足以震撼朝廷的事件，正是揭開「盧瑁死亡事件」真相時所引發的問題。我們來看一下成宗24年（1493）6月5日，忠清道敬差官鄭叔墀所上奏的內容。

「己酉年，臣與奉常主簿盧瑁偕往慶尚道。盧瑁先臣往密陽，不久病死。臣近日到清州，與都事鄭綸相話，語及盧瑁之死，綸云：「其時瑁酒醉，與妓臥，不知何人割瑁陰莖，致死。密陽府使許混聞之，令以綿花厚裹屍，使血不外見。並厚賂盧瑁帶去之奉常書吏及其奴，戒勿暴露。」」臣問曰：「此言何從聞之？

鄭綸曰：「乃由連原道察訪權光弼所聞。」權光弼乃瑁之堂兄也。臣又見忠州教授金秀賢問之，同鄭綸所言。」

鄭叔墀的奏摺驚動了朝廷上下，雖然距離事件發生已過了四年，但這可是官員被殺，又遭掩蓋的事件。甚至，造成死亡的原因還是陰莖被割斷，不禁讓人懷疑這起殺人事件是因為不倫之戀而起。成宗立刻令承政院捉拿當時與盧瑁同行的奉常寺官奴古音金，與以審問。古音金供述：

「己酉年七月，盧瑁乃本寺主簿，以神主木斫伐敬差官之名前往慶尚道，小奴隨行。到了本道，醴泉記官李世均、豐基日守（屬於地方官廳的雜役下人）白山也一起隨行。十一月，抵達密陽府，留宿七、八日，盧瑁與當地官員孫榮同往栗林。府使許混前來擺酒席，宴飲終日，至夜裡二鼓（晚上10點）而罷。盧瑁攜妓步行至東上房，府使許混欲續飲，但盧瑁稱身體不適，與妓生同入房中。小奴整理被枕後便離去。

隔日，因需前往他城，小奴持裝囊先行，才及五里，便有驛子招還。小奴回見後，盧瑁稱頭痛，臥於房中。後其病勢漸甚，鼻出血不止，七、八日後而死。」

成宗聽完以後，認為鄭叔墀所言與古音金陳述大相逕庭，便將此事交給義禁府處理。然而義禁府卻主張若要調查盧瑁的死因，需要挖墳並開棺驗屍，確認其陰莖是否完好無缺才行。朝廷因此事陷入一場論戰之中，盧思慎、尹弼商等人認為就算政承們開棺驗屍，屍體也早已腐爛，不可能確認有無陰莖，因此持反對態度。不過鄭文炯和尹孝孫兩人卻主張驗屍，表示若不開棺相驗，爭議只會一直持續下去。

「盧瑁之死，以日月計之，不過四年，屍體毀不毀，未可得知。開棺視之，毀則無可驗，或不毀而陽道（陰莖）猶存，則此獄事即可棄也。應依禁府所奏，發棺檢屍為妥。」

義禁府判事鄭佸等人也為鄭文炯、尹孝孫的主張幫腔：

「密陽乃鉅邑，在官之人足有二百餘人。盧瑁若不得其好死，則必喧騰傳播矣。許混豈得以綿帛之贈，盡防眾口乎？若妓夫（妓生的丈夫）以妬忌而殺之，則或刺其喉，或刺其腹，何必深探其陰莖而斷之乎？然變故多端，不可保必無其事，但事干各人，自相推調刑訊者多，甚至隕命，豈非曖昧？臣等反覆思之，若棄之則已矣，如欲得實情，不得不發棺檢視。」

整個朝廷，為了是否挖盧瑁之墓一事爭論不休，最後成宗作出了結論：「棄之。」再怎麼樣，人都已下葬長達四年，成宗判斷要確認盧瑁陰莖存無，實在是不可能的事。他認為貿然挖開墓穴，不僅為子孫徒增困擾，更可能只會讓事件的傳言越滾越大。

於是盧瑁事件就這樣留下了滿滿疑惑，成為一個未結之案。

為什麼他們會死在妻子手中？

朝鮮時代的私通事件，很多都會衍生為殺人事件。因為是講求貞潔的時代，若私通之事被發現，將遭受重懲，所以有人會為了掩蓋事實，想辦法殺死元配。尤其婦女若被丈夫發現與人私通，很多時候會和私通的對象聯合起來殺害丈夫。來看這則世祖1年（1455）閏6月25日的記事。

刑曹啓：

「全羅道玉果縣囚人池必種，嘗奸崔乙妻內隱伊，共謀殺死崔乙。內隱伊已先死，請將池必種依律處死。」

王從之。

這起事件是有夫之婦與外男私通，之後同謀殺死丈夫的典型案例。這位名叫內隱伊的女子怕自己跟池必種私通之事暴露，所以跟池必種一起謀害了丈夫崔乙。但罪行敗露時，內隱伊已經身亡，所以只有池必種被處死刑。雖然不清楚內隱伊究竟是自殺或是自然死亡，但從情況看來，兩人私通應該有好一段時間，之後殺人惡行才被揭穿。還有另一個類似的事件，來看一下隔年9月11日的記事。

刑曹啓：

「金山囚徐仲善奸金奉之妻小叱莊，共謀殺金奉，徐仲善應斬，小叱莊凌遲處死。」

這個事件也和上面的池必種非常相似。私通之事暴露之後，妻子便和姦夫共謀殺害親夫。還有跟這很像的事件。世祖12年（1466）7月5日，坡州別侍衛全致敬的妻子古未，也與鄰人萬中私通，兩人同謀殺害了丈夫。當時全致敬正在病中，古未和萬中便將他的死偽裝成病死。之後兩人以夫婦身分生活了一陣子，事跡敗露後雙雙逃亡。世祖甚至下令懸賞抓捕二人，但並沒有留下任何他們被逮捕的紀錄。

前面幾則事件的共通點，都是妻子私通後和姦夫同謀殺害丈夫。那為什麼妻子只能選擇殺死丈夫呢？答案很簡單，因為她們害怕私通之事被揭穿。雖然韓國在現代已經廢止通姦罪，就算外遇曝光，也不會受到重罰，但在朝鮮時代，通姦卻是可能被處死的重罪。因為對婦女私通的刑罰相當之重，所以無論是以通姦罪被處死，或以殺人罪被處死，在她們的認知中都是一樣的。

成宗1年（1470）3月10日，善山的私奴石今因為與出身白丁的春伊私通，謀殺了春伊的正夫蒙古里。被害者的妻子雖然沒有參與謀劃，但因為她丈夫也是為姦夫所害，跟前面介紹的事件脈絡大致相同。另外，雖然不是正夫被情夫殺死，但世祖4年（1458）3月10日發生的這個事件，也是怕私通被揭穿引起殺意的事件，跟前面的事件狀況也很相似。

刑曹啓：

「全羅道長興之私奴德進，奸其主孫仲之之同母妹信非，與信非共謀殺孫仲之，律當凌遲處死。」

王從之。

奴僕跟主人同父異母的妹妹私通，因為害怕事情曝光，於是殺死了主人。信非也參與了謀殺兄長孫仲之的計畫，這同樣是因為若私通之事被發現，她自己恐怕也難逃一死的關係。因為私通的刑罰過重，反而助長了殺人風氣，真是再諷刺也不過了。

卞氏姊弟的祕密

朝鮮前期的文臣卞季良，從小便是家喻戶曉的神童。他四歲能背古詩，六歲能作詩，十四歲考取進士，十五歲考取生員，十七歲文科及第，是個不可多得的人才。除此之外，他大部分的官場生涯都是擔任學官*職務，對於奠定世宗時期的學問基礎，占有舉足輕重的地位。這樣的他，卻曾因為姊姊被誣陷為逆賊，甚至還是因為姊姊過著放蕩的性生活而起。

卞季良的姊姊可不是普通女子。她原本嫁給朴沖彥，朴沖彥死後改嫁朴元吉，但正要嫁過去時，她與前夫的奴僕包大、沙顏私通之事被朴元吉發現了。情急之下，她趕緊去找弟弟卞季良幫忙。

*譯註：學官，泛指高麗、朝鮮時期擔任教學職務的官職。

「吾夫性格兇暴，難與其偕老，願與相離。」

但卞季良非常了解姊姊平時的舉止，並沒有接受她的請求。看卞季良一副不置可否，毫無回應的樣子，卞氏姊姊起了惡心，決心要害死弟弟卞季良和丈夫朴元吉。她先與私通的包大、沙顏商議過後，收買了靖安君（太宗李芳遠）的手下金貴千。她收金貴千為養子，並送了奴婢四人給他，之後便讓金貴千安排自己與靖安君會面。經金貴千介紹見到靖安君的卞氏姊姊，謊告有人謀逆。

「義安大君李和與朴元吉、卞季良，及李養蒙、李養中等人齊謀叛亂，若放任將釀大禍，應及早殺之。」

卞氏拜會靖安君的時間點是定宗1年（1399）8月，就在靖安君舉兵殺死鄭道傳，並殘殺自己同父異母的弟弟——當時身為世子的李芳碩，再將兄長李芳果擁上王位的大概一年之後。本性就善猜忌的靖安君極為重視卞氏的話，但被控謀逆的人物卻是義安大君李和。李和是太祖同父異母的弟弟，輩分算是靖安君的叔父。

「有何根據乃出此言？」

靖安君一問，卞氏便將準備好的台詞搬了出來：

「吾還未嫁朴元吉時，今年正月，李養蒙想為我與其兄李養中作媒，曰：『吾嘗率才人數百人，吾主將義安公亦有麾下軍數千人，若一日鼓亂，安知其不為大將軍乎！』吾及嫁元吉，嘗與元吉語之，元吉曰：『吾亦一日見義安公，公曰：「吾之氣象如何？吾得大位，亦何難乎！」』現朴元吉、卞季良，與李養蒙、李養中等齊謀叛亂，事將發矣，應盡早圖之。」

靖安君將此話傳給定宗，和朝廷大臣商議後，讓大將軍沈龜齡將朴元吉捉來審問，但朴元吉始終矢口否認。擔心謊言被揭穿的卞氏和包大一起逃走躲了起來，但最後仍被捕下獄。

卞氏被安排與朴元吉、李養蒙等人當面對質，但她這時仍在說謊狡辯：「李養蒙乃義安公麾下牌頭*也。與吾夫謀立義安公，將欲起事，吾親耳聞之。」

義安大君父子聽聞此事，害怕得不停發抖哭泣。靖安君為了查明事實，決定嚴刑拷打，但杖刑過重，朴元吉及沙顏皆因此病死。李養蒙也遭到拷問，但沒有查出任何嫌疑。包大最終受不了拷問，說：「吾兄弟皆通於主人之婦，而元吉察覺此事，故編

---

*譯註：朝鮮時代，帶領隸屬壯勇衛50人官兵者稱「牌頭」。

造謊言，欲置其於死地，義安大君實無謀反之事。」

水落石出之後，李養蒙等人就被釋放，卞氏及包大則遭處斬。卞氏誣告的內容中雖然也包括卞季良，但李芳遠因為愛護他，便沒有對他進行拷問。不過卞季良既然被捲入謀反事件中，自然也跟著被捕下獄，只是因為有李芳遠的照顧，沒有遇到什麼大難。不過，卞季良的處境比任何人都來得難堪，不是外人，而是被自己的親姊姊誣告為逆賊，這已經夠讓人衝擊，而且擺脫汙名之後，姊姊居然變成人盡皆知的天下惡女兼色女。這讓他丟光了臉，顏面盡失。

當然卞季良也並非完美無缺，他私下也有不亞於姊姊的一面。卞季良以傑出的學識得到王與朝野的信賴，但關於他私生活的評價則剛好相反。他對妻子非常嚴苛，行為態度極為惡劣。

卞季良的第一個妻子是鐵原府使權總的女兒，成婚不久，就被卞季良逐出家門。卞季良再娶了繼室吳氏，但她很快就過世了，後來又娶了李村的女兒作為第三位夫人。卞季良對李氏相當刻薄，不僅把她關在房裡，從窗戶上挖洞送入食物，甚至不讓她自由如廁。丈人李村得知此事大怒，把女兒帶回家後到司憲府狀告卞季良，而卞季良在這之間又娶了另一個女子。

把第一位夫人逐出家門，又把第三位夫人李氏關在家中，看來卞季良應該患有疑妻症或施虐症狀。他的正妻們沒有為他生下子嗣，只有婢妾好不容易生了個兒子，也是其證據之一。卞季良的個性，據說實際上極為刁鑽小氣，又過度神經質。

卞季良雖然曾因李村的訴訟被叫去司憲府，但並沒有接受多嚴格的審訊，因為太宗曾特別吩咐過不要太刁難卞季良。儘管如此，他在司憲府與李村相爭不下時，仍受到了精神上的衝擊，導致中暑成病，在這之間他又娶了朴彥忠的女兒作為繼室。

太宗12年（1412）6月26日，司憲府因此彈劾卞季良，指他已有正室，卻又另娶。遭到彈劾的卞季良於是向太宗呈上自請辭職的長箋。上疏文的主旨是家事都無法理清之人，如何能理國家大事，但這不過是借題發揮，實際上是想一展自己的文采。太宗不甚在意卞季良家務事上的問題，只大力讚賞了他行雲流水的文章。太宗推卻卞季良長長的辭職信後，跟司憲府官員們這樣說：「雖聖人，未免有小過。況聖人以下者乎？若今罷季良之職，於文翰之任，誰能當之！」並讓司憲府終止彈劾。

這是個以出眾的文章實力，掩蓋所有不光彩事件的做法，然而對於卞季良的心地狹隘、殘忍無道，世間仍有許多人在背後議論紛紛。

近親相姦的悲慘結局

關於近親相姦之事，在朝鮮時代也時有所聞。世宗18年（1436）3月13日發生的這個事件是其中最具代表性的。

司憲府啓：

「別侍衛李錫哲妻柳氏，通於姪柳仲諲。」王命義禁府查之。人或竊曰：

「仲諲昔日姦父妓妾，今又如此，傷風敗俗甚矣，死有餘罪。」柳氏，知中樞院事柳殷之之女，仲諲，殷之之孫也。

在知中樞院事的顯耀家門下，發生了姑姑和姪子私通的醜聞。因此義禁府主張應該將被指為姦夫的柳仲諲抓拿到案。

「柳仲諲奸姑母柳召央，事干三綱五常，所關匪輕，宜令臺諫、刑曹審治。」

柳仲諲隨後被逮捕送審，內幕相當驚人。犯下私通者並非只有柳仲諲與姑母召央二人，司憲府是如此報告的：

「為臣而欺罔，則治不臣之罪，為人而醜行，則身不容於朝。今柳殷之，其女與孫相奸之事狀，下義禁府查明時，私相誣證，冒欺天聰（正三品武官職）。又使婢延加伊，藏匿農庄，而敢以逃匿呈稟上聰，其欺天罔上之罪，莫此為甚，法所不赦。柳殷之常以荒淫般樂，極情縱慾，日以為事。且其妹在戊寅年，以恣淫之舉伏誅。今又召央、仲謹二人相奸，且次女柳終非，又奸姊夫李錫哲，醜聲滿國，前古未聞。倘非習見，豈至若此！釀成禽獸之行，實因殷之之荒淫。願令其妻子孫，盡黜遠疆，終身廢錮，以正風俗。」

若司憲府的報告屬實，那柳殷之的家門，等於是個對近親相姦習以為常的破碎家庭。柳殷之生性荒淫，常於家中享樂歡愛，他的兒子也有樣學樣，納妓生為妾。至於那個妾室又與殷之的孫子柳仲謹私通，柳仲謹和他父親，用時下流行的話來說簡直就是「婊兄弟」；甚至，柳仲謹甚至還與姑母通姦。柳殷之的妹妹也是因私通事發，遭到處斬；柳殷之的次女，也是柳召央的妹妹柳終非，則又和姊夫李錫哲通姦，實在不能把罪全怪在其妻柳召央身上。這簡直是為近親相姦寫下新歷史的一刻。那麼如此違反倫常之事，果真是事實嗎？世宗18年（1436）5月11日的記事如下：

柳仲諲、柳召央下獄，罪成當死。柳仲諲在獄中，書小簡送於其奴曰：「四次刑問，三次壓膝，吾不忍其苦，自供誣服，至於死地。將此意，擊鼓以聞。」其奴持此簡擊鼓。王令朝府議更審與否，黃喜等曰：「更審允當。」因即政府官與委官，命右議政盧閈、刑曹判書河演、同知中樞院事鄭淵、吏曹參判奉礪、兵曹判書崔士康、禮曹判書許誠、右副承旨金墩，往義禁府更審之。

而王仍命金墩曰：「仲諲、召央之事，予初聞之，頗不信，及其推查，柳殷之隱匿事干之婢，以欺予。且女與孫相奸，在人情理當驚駭，柳殷之親見李錫哲交縛召央、仲諲，而無一言悲痛之情，李錫哲棄妻之書內，妻之淫行，俱載無遺。殷之見之，安然以待，一無辨明。以此三者言之，多有可疑，今更問得其實情，可也，使義禁府提調知此意。」

世宗表示事件可疑之處尚多，下令重啟調查，並把審問罪人的監察官員全都換掉，之後得出了新的事實。聽完之後，世宗喚來領議政黃喜、左議政崔閏德、右議政盧閈等三位政丞，對他們說：

「仲諲、召央相奸之事，今更審之，乃李錫哲聽婢米伊之言，而誣告也。前日義禁府決使其下獄，報於政府，卿等皆考其案，未嘗疑其虛妄，皆曰：『可依律處矣。』既已二覆（第二次招供）。幸因仲諲獄中小簡，方得更審，始知李錫哲誣告也。」

然而就算柳仲諲私通柳召央之事為誣告，與其家門有關的醜聞，也與事實相差不遠。結果最後還是按照第一次的判決，將柳殷之一家放逐京外。

不過柳仲諲和柳召央則免於斬刑，可以跟柳殷之待在一起。至於誣告仲諲、召央二人的李錫哲，被流放到三千里之外，服三年勞役；說謊假造仲諲、召央私通之事的婢女米伊，則遭處斬。如此荒淫放蕩的柳殷之一家，就此四分五裂。這就是近親相姦家庭的悲慘結局。

逆反天倫的地下戀情

成宗1年（1470）4月3日，義禁府啓：

「僧宗惠奸其義母未致之罪，宗惠、未致皆依律該斬，不待時。」王從之。

這是一位僧侶和繼母發生性關係後，遭到揭發的事件。兩人都犯了綱常之罪，即違反三綱五常之罪，所以皆遭處斬。這個事件是世祖13年（1467）在水原府發生，因為有人告發此事，讓宗惠和未致被捕下獄。之後歷經了兩次審判，成宗1年（1470）召開第三次審判。

究竟是誰告發兩人的不當關係呢？從情況看來，宗惠已經出家，他的父親應該已不在人世，那麼是親朋好友中的某人告發的嗎？還是家裡人所為呢？無論如何，他們的祕密之舉鬧得世人皆知，兩人最後迎來了死亡。

朝鮮時代，繼母與繼子私通的事件算是非常稀少，儘管如此，中宗14年（1519）也曾發生過類似的事件。那年的4月17日，司憲府上奏：

「郭胤源通姦繼母玉伊，產兒。義禁府推審失當，只審事干告發者郭亨宗，而不審胤源，甚不可。」

但不知為何，中宗並未接受司憲府的要求。當時司憲府與義禁府因此事相爭不下。4月22日，義禁府堂上金詮如此上奏：

「義禁府正審郭胤源，而司憲府笞本府之吏，此實乃臣等無能之故也。臣在職未安。司憲府必詳知胤源之事，故如此也。現請令司憲府審之。」然而中宗卻不接受金詮辭職，傳旨曰：「其勿辭。笞府吏，果似失當。可問責於憲府。」

如此一來，司憲府也提出反駁：「義禁府所追郭胤源事，其事狀明白，而義禁府堂上（金詮、李繼孟、任由謙）推而不審，郭亨宗無罪受刑，其推審甚為失當。今聞義禁府堂上等言，義禁府之事，司憲府似不得糾察。至於禁府憤怒入奏，是尤不可。自三公（左議政、右議政、領議政合稱三公）以下，憲府皆得糾察，豈獨不得糾察禁府之事乎？名為大臣，而其用心如此，憲府將推考矣。」

這段文字明示了司憲府和義禁府爭執不下的原因：司憲府判斷郭亨宗告發郭胤源與繼母玉伊行不倫之事生子，是明確的事實；但是義禁府卻認為郭亨宗誣告郭胤源與繼母，只為了圖謀某項利益。這場爭戰之中，義禁府和司憲府兩邊不相上下，所以中宗為前者舉起了手。

「今聞義禁府堂上之言，憲府乃以郭胤源推審失當，笞禁府書吏云。為不當推審而笞書吏，則失當矣。餘事予亦不允。」然而議政府又附和：「郭胤源事，乃綱常大變，此實重事。可先審案委，證言歸一，而後推正犯案之人矣。」

依議政府之見仔細調查案件，重新審問之後，花了兩個多月，終於讓真相大白。義禁府在6月22日報告了以下內容：

「內禁衛郭元宗、亨宗兄弟，與其母鄭氏，欲構陷郭胤源，以言『胤源奸其養母李氏』，然查之不實。其反坐罪（誣告罪），杖一百、流三千里、減一等。」

最後證實義禁府的主張才是對的。從誣告的郭元宗、郭亨宗兄弟是內禁衛官員這點來看，他們兄弟倆應該是對司憲府施加了一些影響力。中宗對此事下了這樣的結論：

「郭元宗等事，罪犯綱常，不可減等。」

也就是說，不得因為兩班身分為他調降刑罰的等級。結果，這個事件最後的結論並非繼母和繼子的性醜聞，而是為爭奪財產誣告親族的誣陷案。因此，僧侶宗惠與其繼母未致的事件，也成為唯一被記載在實錄上的繼母繼子私通案。

不過，還有一件發生在宣祖6年（1573），比這更加驚人的事件。那年的9月8日，實錄上如此紀載：「以尹慶應與妻母通姦之事，行三省交坐。」

「妻母」指的是妻子的母親，也就是丈母娘。「三省交坐」是議政府、義禁府、司憲府三個機關合坐出席，處理重案的意思。這就表示此事事關重大。8月24日，司憲府持平朴崇元向宣祖上奏：

> 「尹慶應所當審，移義禁府推審究柢，然徒隨風聞，直審正犯，以其例請刑訊，未免不察之失。請令大司憲以下，齊令換差。」

朴崇元是司憲府的正五品官員。這等於是承認司憲府的失誤，並且自請處置的一個舉動。宣祖依照朴崇元的主張，將司憲府的官員全部置換，並按照程序重新調查尹慶應事件。之後約花了一個月的時間進行調查和審訊，過程中尹慶應遭杖責，最後死於義禁府監獄。但是此時的紀錄中並未言及與尹慶應私通的丈母娘，這也就表示，這個事件並非「相互合意發生的私通」——和姦。換句話說，結論就是尹慶應強占了丈母娘。但站在她的立場來看，多虧女婿去世，自己才能免於一死。

至於尹慶應為何會遭杖責呢？如果乖乖承認通姦，就不會處如此重的杖刑才對。這也可以說成是尹慶應當初並未認罪的證據。或許尹慶應是被某人誣告，才被冤枉成強姦犯也說不定。

除此事之外，還有其他人也犯了違背天倫的綱常罪。宣祖6年（1573）9月16日，司憲府報告如下：

「海南故郡守尹弘中之子，淫奸父妾，拔劍逐父，其罪惡不可一日容息於天地間，請命拿推。」

實錄對此事添加了以下說明：

尹弘中之子淫奸父妾云云，乃弘中家有其奸之女僕，其子又奸焉，弘中則不知。弘中自海南所居，移赴靈光，妻孥隨之。至羅州，其子率女僕以逃。弘中始知其子有畜生之行，自是父子相絕。弘中常語人曰：「吾既絕子，吾父母宗祀，當付諸弟之子。」云。子則磨劍揚言：「奪嫡與他者，與受人宗祀者，皆當以此劍報之。」弘中畏劫，避十年之間，不曾會面。後於己巳年，弘中以殺人囚於王獄（義禁府），幾陷大辟（死刑），其子終不來見。大倫之變，在今古，莫此為大。因推審之際，請以此等辭緣究問，求其事由、事證，根尋捕捉其子，以待覆核。

根據實錄記載，尹弘中的兒子帶著與父親私通過的女僕逃家，父子二人便因此事斷絕來往。甚至尹弘中遭處死刑時，兒子都沒有來見過父親。從情況看來，先與女僕發展關係的或許不是父親，而是兒子這邊。不然的話，似乎沒有理由非得帶著與父親有關係的女僕逃走不可。其實尹弘中此人的風評並不好，明宗17年（1562）4月12日的記事，也曾出現尹弘中被流放到康津的內容，史官將其始末紀錄如下：

尹弘中買家於淑儀申氏本家之旁，爭鬥牆基，縛淑儀家婢鞭之。淑儀家人訴於淑儀，王潛令淑儀家人，呈刑曹，故司憲府仍駁斥弘中，囚於義禁府，遂流之。尹弘中本狂醉之人，無足惜也。然以淑儀本家私嫌，而流逐朝士，是助女謁（指女子於大內干預政事）之盛行也。

此文將尹弘中評價成一個「狂醉之人」，既然人品如此不佳，說是他故意強占了兒子看上的女僕，也不無可能。光從女僕會與尹弘中兒子半夜逃家這點看來，就知道女僕心儀的對象不是尹弘中，而是他的兒子。

前面的事件是父親和兒子之間夾了一個女人的三角關係，也有岳父和女婿與同一女子發生關係的情況，來看一下光海君5年（1613）1月7日的記事。

司憲府啓曰：

「延陵府院君李好閔婢妾仁玉，與李好閔女婿宋民古私奸，傳聞騰播。將仁玉捉拿審問，則私奸之狀，從實納招，現請捉拿宋民古推審定罪。」

此事件也屬綱常罪，宋民古與仁玉想必難逃一死，然而實錄中並沒有紀錄結果究竟如何。李好閔出身東人，與西厓柳成龍是姻親關係，是曾當上義禁府判事的重量級人物。或許因為李好閔的面子問題，而將此事適度掩蓋過去了。

墮落的僧侶們

定宗1年（1399）3月9日，定宗下令禁止僧侶們出入民家，並說明了其緣由：

「今國家紀綱陵夷（衰微），僧徒因勸善，屢入民戶，奸犯婦女。自今嚴禁，毋蹈前弊。」

高麗末期開始，僧侶們的生活越發墮落，僧侶偏離正道的情形一直延續到朝鮮建國之後，甚至因此造成許多僧侶，不把破戒當成一回事的問題。不過就算禁止僧侶出入民家，問題也沒有被解決。太宗5年（1405）11月21日，議政府上書報告佛教界的墮落情勢。

金山寺住持道澄，奸其寺婢姜庄、姜德姊妹，土田所出及奴婢貢貨，皆以私用；臥龍寺住持雪然奸其寺婢加伊等五名女子。

出家人墮落至此，成為日後朝廷對佛教大力鎮壓的禍源。當時朝鮮建國不久，國庫空乏。以此事為契機，朝廷得以將佛教寺院等財產全部收歸國有，填補國庫空缺。鄭道傳在易姓革命*成功後，很早便興起排佛的念頭，想將眾多寺院的財產與奴婢們收歸國有，卻遭到篤信佛教的太祖李成桂反對，而未能實現。鄭道傳死後，坐上王位的太宗雖然也想沒入寺院財產，但李成桂依然持反對態度。然而金山寺與臥龍寺住持姦淫事實暴露後，太宗便開始大幅施行對佛教的鎮壓政策，沒收寺院田地，並讓原屬於各寺的奴婢還俗。換句話說，就是利用僧侶的墮落行為藉機擴充國庫。但在這過程中，仍然有某些僧侶繼續無視戒律，從成宗1年（1470）2月3日的記事看來，僧侶私通後生下的子嗣，甚至曾經超過一百人以上。

> 依掌隸院據金郊道察訪辛福聃之啓本，奏：「今金郊道附近所居，由僧奸所生之口，凡一百三十人，請分屬各站，以實驛路。」
>
> 王從之。

*譯註：「易姓革命」，指鄭道傳與李成桂一起推翻世襲的高麗王氏政權，建立朝鮮李氏政權。

雖然沒有提及僧侶的院屬與姓名，但子嗣居然多達一百三十人，實在驚人。當然，也很可能是該名僧侶已不在人世，將他所有後嗣合算後才得出這個數字。但無論如何，都能確定是讓人瞠目結舌的數字。

在生物學上雖然的確是男性與女性，但卻絕對不能結合的人，說起來就屬僧尼們了。儘管比丘（男僧）和比丘尼（女僧）不得結為男女關係，但仍時不時會有人破戒。燕山君1年（1495）5月5日，政承鄭佸及承旨等人上奏：

「僧、尼相奸，乖反常道。僧智善、尼僧智浩相奸之罪，只令贖杖六十。請更問還俗以罪之。」

但燕山君對他們竟頗為寬厚，並不接受大臣與承旨們的意見，反而這樣說：

「僧、尼，亦民也。久滯獄中，若更審，則恐死杖下，棄之可矣。智善之事，辭證仍不明，不可再審。況年老之僧，雖還俗，何所用哉？只贖杖六十，足矣。」

燕山君在這個時期仍是名聲響亮的明君，與大家所熟知的有些不同，燕山君在世子時期，曾以其英明揚名一時。這個判斷，也是能一窺燕山君賢明面貌的段落之一。

然而僧侶們的私通案件仍像這樣持續發生，其中大多數是和前去供佛的良家婦女犯下姦淫私通之事。領敦寧府事李枝死於世宗9年（1427），來讀一下他的卒記。

李枝不久後任領議政致仕，復為領敦寧，仍令致仕。李枝母忌丑月晦日，父忌寅月初一日。每年歲末，李枝為考妣上寺，飯佛齋僧以為常。因此亦訪香林寺供佛，一夜暴卒，年七十九。朝聞訃音，輟朝三日，賜賻（協辦喪事之財物），官辦葬事。

人言：「李枝與後妻金氏，上寺留數日。夜，金與僧通，李枝捕其於奸所，且責且毆，金氏拉李枝腎囊（睪丸）而殺之。」

其時隨者，皆金氏奴僕，故秘之，外人莫知。李枝先妻之子節制使李尚興，自忠清道聞訃而來。

有一赤脚（男僕），告於金氏曰：「尚與將告刑曹。」

金氏不知所措，發狂如癡，而事遂寢息。

里人皆曰：「告官檢屍，則可以洗冤。」然尚與知其情而不告，皆不容於天地間之人也。

這是個妻子與外男私通，而且對象是前去供佛時的寺廟僧侶也罷了，卻在被丈夫發覺後，還攻擊丈夫性器導致死亡的荒唐案件。更驚人的是，李枝的妻子金氏當時已經是七十歲的老人了。她在此事之前，也曾經捲入其他不尋常的事件。來看世宗9年8月8日的記事：

初金氏，趙禾之妻也。趙禾曾通金母，金氏知之，金亦潛通許晐。一日，趙禾率妾宿於外，金又引許晐來宿，許晐脫衣加於禾之衣桁，歸時誤著禾衣而去。趙禾朝晨入內，取衣而著之，衣不稱身，遂知而詰之，金氏答曰：「今夜許晐來宿，誤著而去。」

禾怒叱之，金氏曰：「汝之所行如此，何咎我也？汝若揚傳，汝先登車，然後我登副車。」

趙禾憤而唾之。金氏益肆無忌，又與家奴朴松者通，禾執而教訓之。趙禾卒後，金氏與李枝約為夫婦。

成婚當夕，其若子若婦，皆遮門不納，李枝曰：「吾之來此非一，兒輩何為如此？」

早朝，太宗顧左右曰：「領敦寧何其不來？」

眾曰：「娶妻矣。」

太宗曰：「誰歟？」

對曰：「趙禾之妻也。」

太宗曰：「何可以娶妻云爾？」

李枝的妻子就像這樣，是個有名到連君王都知曉的女人。她的父親是曾任門下侍郎贊成事的金湊，而且金氏與第一個丈夫趙禾死別時，年紀已有五十七歲。當時的五十七歲，已經是曾孫都能出生的年紀了。她還對子女們隱瞞自己已經再婚的事實，實錄對此是這樣記載的：

初，金氏謀嫁李枝，不令子趙明初等知。昏夕，李枝至，趙明初乃知之。明初捉李枝喉，與俱仆地，號哭而止之不得。金氏既同牢（指新郎新娘入洞房前，喝交杯酒吃食的儀式），翌日謂人曰：「吾意此公老，乃知真不老也。」

李枝和曾為趙禾妻子的金氏成婚後，立刻遭到司憲府彈劾。但太宗並未接受此次彈劾，還說：「無妻之男、無夫之女，自相婚嫁，何必問罪也？況李枝娶繼室，予實知之，更勿劾論。」

李枝是太祖李成桂的堂弟，也是太宗的堂叔。由此可知太宗為什麼會做出如此寬厚的決定了。

宦官，竟犯下通姦之罪

燕山君10年（1504）5月5日的記事，描寫了宦官因通姦受罰的荒謬內容。既是宦官，應該無法行床笫之事，讓人不得不懷疑他們是要如何跟通姦罪扯上關係。當時受罰的人物是內官徐得寬，與他通姦的女子是飼蠶的蠶母。負責監守蠶室的徐得寬和蠶母看對了眼，然後蠶母的丈夫向司憲府投訴。對此，義禁府上奏：「徐得寬罪，當論以和奸律。」

和奸就是指在雙方合意下發生的性關係，因此以和奸律論的話，男女雙方都得受罰。但燕山君卻如此回應：「凡人則可以和奸律論之，內官出入宮闕，不可以此例論，更循他律。」

最後徐得寬處杖刑70大板，並徒刑一年半後遭到流配。但徐得寬已經失去生殖能力，為何可以行通姦之事呢？來看燕山君10年（1504）5月3日，與這有關的諭旨。

「內官金世弼陰腎（陰莖）尚有餘根，而冒入闍宦中，使其具枷杻囚禁。其收養弟李世倫等及收養堂兄弟、收養父崔潔、潔收養弟金萬壽等，一併拘拿於賓廳，刑訊知情與否。」

如上面的諭旨所述，有些宦官雖然曾接受去勢，但仍留有部分性功能。其實徐得寬的通姦罪，是在追查內官金世弼事件的過程中露餡的。與徐得寬通姦的蠶母，也與金世弼有染，她被審問時講出了徐得寬的名字。最後不只金世弼，還有為他掩蓋的宦官們，以及已遭流配的徐得寬，都因此事遭牽連處以斬刑。宦官通姦被處死的事件還不只這一齣，還有高麗末期到朝鮮初期的宦官鄭思澄事件。來看太宗17年（1417）8

月8日的記事。

斬宦者鄭思澄。思澄自高麗恭讓王時，有人言其不類宦者，思澄又通懷安大君妾。及往事仁德宮，淫於侍女其每，其每本上王之宮婢也。上王知之，黜其每，而思澄逃，至是被執，乃誅之。

義禁府提調請並斬其每，王曰：「其每於上王有身，生子，不忍也。」提調等請曰：「其每既得罪見黜，上王何惜哉？」王然是也，將斬，竟以上王之命，仍不果斬。

懷安大君是太祖的第四個兒子，也是排行在太宗上一位的兄長。仁德宮則是朝鮮第二代王定宗，在成為上王後居住的處所。然而鄭思澄竟如此膽大包天，等於接二連三地動了王子和上王的女人。要成為宦官，原本得接受切除陰莖的去勢手術，但鄭思澄的狀況似乎是手術沒有徹底施行。所以他還是會分泌男性荷爾蒙，因此產生性慾導致通姦。站在鄭思澄的立場上，等於是為了肉慾賭命一搏，但仍舊躲不過宦官的宿命，難逃殘忍結局。

褻玩宦官之妻的人們

很多人都知道，宦官必須切除陰囊，所以無法擁有性生活。儘管如此，朝鮮的宦官們全部都有成婚。當然，他們無法與妻子結合，所以很難享受完整的夫妻生活。既然丈夫是閹人，妻子就一輩子都只能是處女，因此世人大部分都以同情的目光看待宦官之妻。那麼又會有誰願意成為宦官的妻子呢？可想而知，會成為宦官之妻的女子，不是家境極為貧窮遭到賣身，就是父母為了利益而犧牲女兒。

情勢所逼，許多宦官的妻子都因此身陷緋聞、豔事的中心。

來看一下世祖7年（1461）5月20日的紀錄。

司憲府啓：「韓承贇、俞孝禮、咸悌童等，並奸宦官金德連妻終非，汙染風俗。李永生逢母喪，仍奸終非，知有身，誘置農莊，忘親背義，行同禽獸。崔楫知終非背夫而逃，又招引終非通姦，因以為妻，恐其事覺，轉轉率終非逃。終非以宦官之妻，恣行淫慾，母喪百日內，與奸夫偷夫財產而逃，請並按律科罪。」

除此之外，還有許多宦官之妻都曾犯下通姦案。然而細探其內情，就會發現其實很難將這些視為單純的不倫事件，因為在儒生之間，流傳著一個奇怪的傳聞——若通宦官之妻，將科舉及第。朝鮮時代的豔文集《記聞叢話》中，留下了幾個與此有關的故事。以下是英祖時期與名臣趙顯命有關的故事。

趙顯命在年輕時正準備科舉，聽到通宦官之妻就能及第的傳聞，便想前往一試，確認傳言是否為真。他拜託友人，與住在壯洞的某內侍的妻子，約好相互通情。壯洞是現在首爾鐘路區的孝子洞與昌成洞一帶，當時有許多宦官都住在那裡。雖然現在把那附近稱為「青瓦臺社區」，但在朝鮮時代，那裡有內侍府的官舍，所以又以「內侍村」著稱。

趙顯命去找內侍妻子的那天，婦人的丈夫在殿內當班。趙顯命安心地前往他們家，成功與婦人通情。完事後，趙顯命又溫存了一番，還沒離開，就聽到大門打開的聲音。那位內侍從宮裡回來了。

趙顯命驚慌失措，但內侍的妻子表情鎮定地說：「你就坐在這裡，順著我丈夫的話回應就好。」

不久之後，身穿官服的內侍走進屋裡坐下，妻子問道：「您為何這麼晚還來此呢？」

內侍回答：「我依王命去了一趟毓祥宮（供奉英祖生母淑嬪崔氏的祠堂），回來的路上順便來看看妳。此人是誰？」

內侍的妻子淡然地說：「這是住在富平的兄長。」

接著內侍懷疑地追問：「你就是住在富平的金生嗎？怎麼不早點來，現在才來？你什麼時候來的？」

「今天傍晚來的，因為不久之後就要科舉了。」

「啊，你是來考科舉的啊！」

不久後，內侍連忙站了起來。「我現在得回去了，你就繼續跟妹妹聊些過去沒聊的話吧！」

內侍還沒出門，又回頭補了一句：「你要是到科舉考場來，就去坐在那薑田上，那麼我再拿些殿下沒用完的御膳和茶果點心給你。」

內侍出門之後，趙顯命夜裡又再與婦人纏綿了一番，直到天明，他才從那家離開。

不久，趙顯命到了科舉考場，因為擔心碰到那名內侍，特意避開了薑田，坐了別的位置。

他坐的位置是在昌慶宮春塘臺正對面，「壯元峰」的山腳下。

這時，一位內侍和一位別監一邊巡視著考場裡頭，一邊喊道：「從富平來的金生在何處？」

趙顯命聽見，立刻拿扇子遮住臉躺下，而跟他一起來的朋友則開玩笑指著他說：「金生就躺在這兒呢！」

然後內侍就把扇子推開，說：「你在這裡怎麼不回答呢？」

接著他便從別監袖子裡拿出水果與小菜，交給趙顯命，說：「你用這個墊墊肚子吧！」

趙顯命身旁的朋友看見這個情景，賊笑了一番，但趙顯命什麼也沒說，便收下了食物。之後趙顯命科舉及第，官場順遂之後，據說朋友們還是經常拿此事取笑他。雖然這個故事由野史流傳下來，可信度並不高，但它忠實呈現出當時世人是如何看待內侍之妻的。

《記聞叢話》中還有另一個很相似的故事，但內容稍微有些哀傷。

正祖時的文臣洪元燮，青年時期在壯洞租了一間屋子，和安山來的李生住在一起準備科舉考試。一天，洪元燮外出，只剩李生一人在家裡坐著，有人從圍牆破洞的地方塞了一捲紙進來。李生歪了歪頭打開紙捲，上面寫著：「吾年已三十，仍不知陰陽之理，豈非畢生之憾也。今夜且請悄越牆尋來。」

這是一封藉「與內侍之妻通情，能中科舉」的傳言，來誘惑儒生的信。但李生跟趙顯命可不一樣，他想：「怎會有如此寡廉鮮恥之女子？」怒不可抑的李生，隔天早上去那家找了那位內侍，請他好好管教自己的妻子，疾言厲色地訓斥一番之後才回家。

那天傍晚，隔牆傳來陣陣哭聲，宦官的妻子最後懸樑自盡了。洪元燮回到家中，聽聞此事，便責怪李生：「不欲則不往即可，何以使其失體面致此慘事？今後汝將不運也。」那年秋天，李生回鄉去了。不久之後遇到颱風，把他的房子吹垮，李生也被壓死在下面。

這個故事同樣也不知是真是假，但對於宦官之妻一生都只能不分陰陽的悲慘處境，故事中處處流露出憐憫之情。

8 撼動宮廷的緋聞

前所未見的花花公子，讓寧大君

朝鮮前期，宮中發生的私通事件中，最常被掛在人們嘴上的就是讓寧大君的廢位事件了。韓國人都知道，讓寧大君之所以被罷黜世子之位，最直接的理由是因為他的好色貪淫，那麼他究竟是從何時開始如此好色的呢？

讓寧大君生於太祖3年（1394），他在太宗7年（1407）時與金漢老的女兒淑嬪金氏成婚，等於年方十四歲就第一次接觸到異性。三年之後，他的目光便開始投向其他的女子。雖然現代人認為十七歲的年紀還很小，但在朝鮮時代，滿十五歲就會被當成大人看待，因此就等於是成年人了。更何況，此時身體上的性慾達到最旺盛，又是成婚快滿四年之時，因此這也是他對正妻的熱情開始消逝的時候。這時吸引讓寧大君目光的女人，是一位名叫鳳池蓮的妓生。

讓寧大君第一次見到鳳池蓮的場合是在接待使臣的宴會上。太宗10年（1410）11月，明朝使臣來訪，當時身為世子的讓寧大君也出席了宴請使臣的宴會。既然是為使臣而辦的宴會，自然也動員了許多妓生，其中唯有鳳池蓮吸引了讓寧大君的目光。宴會結束後，鳳池蓮翩翩起舞歌唱的身影，依然在讓寧大君眼前揮之不去，讓他心癢難耐。經過一番苦惱，他讓兩個隨從帶路，悄悄去了鳳池蓮的家，與其私通後，很快便召她入宮。聽聞此事的太宗，杖責了帶路的兩個隨從，然後把鳳池蓮關入大牢。但太宗的處置使情況惡化，讓寧大君悲傷過度，不吃不喝。太宗擔心世子的相思病會釀成大禍，於是釋放鳳池蓮，甚至下賜了錦緞給她，但鳳池蓮依然被禁止出入東宮。

讓寧大君並不打算就此放棄，按耐不住想見鳳池蓮的心情，他決定偷偷溜出宮外。隨從們全都害怕太宗的嚴令，所以不願意跟隨，讓寧大君於是在宮外找到殷阿里和李五方，重新讓他們帶路。殷阿里任司直（屬於五衛*的軍職），武藝優秀，也很熟悉都城事；李五方則是擅長音律與舞蹈的樂工。世子向他們學習民歌的音律、舞蹈和獵鷹的方法，並且讓他們帶自己上都城的妓院四處尋訪。自然而然，世子不去書筵**的日

*譯註：「五衛」是朝鮮時代屬於中央的軍事組織。

子就越來越多。太宗11年（1411）10月17日，左司諫大夫鄭悛與知申事金汝知會面，請他驅逐殷阿里和李五方。

「此二人無職事，出入無節，請逐之。」

金汝知召李五方、殷阿里前來，不准他們出入東宮，並好好訓斥了一番，世子聽到此事，便派內官去告訴鄭悛：「此二人雖出入宮中，豈能導我為非者耶？然聞卿等之言，已出之，宜勿煩於聖聰。」

意思是，既然已經把兩人趕走了，就不要再向太宗告狀的意思。但在這之後，世子仍然偷偷將內贍寺奴僕許元萬、禮賓寺奴僕曹德中和甲士許守連等人傳來東宮，繼續跟他們一起廝混；但這消息很快便傳到了太宗的耳中。

太宗大怒，於是傳喚東宮殿三位內官，追究道：「予聞世子置鷹宮中，爾等知之乎？若知而不禁，於輔導之職何？」

宦官曹尚回：「宮中之事，臣何得知？」

＊＊譯註：「書筵」指固定教導王世子經綸的課程。

太宗逐一看著宦官們說：「近日動樂徹夜，且置鷹子，何也？即遣人出其鷹子*。」

接著太宗以進女樂**入東宮，歌舞俗樂之罪，杖責了許元萬、曹德中、許守連等人，並全部罷職，將他們充為水軍。但讓寧大君仍然繼續叛逆，太宗又杖責了東宮殿的宦官，甚至將他們發放流配。讓寧大君因此對太宗極為怨懟，稱病不去問安，並以不吃不喝作為抵抗。最後太宗也束手無策，甚至下了中斷書筵的旨意，想藉此安撫世子。

在這之後，讓寧大君行事變得更加大膽。太宗14年（1414）1月2日，二十一歲的讓寧大君將妓生帶進東宮，犯下了相姦事件。驚人的是，提供馬匹讓妓生騎來的人，居然是讓寧大君的丈人金漢老。這於是丈人也幫忙女婿跟其他女人廝混的意思。除了妓生之外，也有無數的樂工和公子哥兒經常出入東宮，讓寧大君和他們整日玩樂，但只要書筵官員來訪，他就稱病不出。

---

*譯註：「遣人出其鷹子」意思是：讓人把那老鷹放了吧！

**譯註：女性樂宮和舞者通稱「女樂」或歌舞妓。

這時，讓寧大君的身旁又出現了另一個女人，是一位名叫楚宮粧的妓生。她原本是與上王定宗親近的妓生，但讓寧大君不知此事與其私通，此事也激怒了太宗。若讓寧大君當初不是世子身分，就會被以綱常罪問責，這是足以處死刑的重罪。

當時世子幾乎認識長安每一位被稱為絕色的妓生，楚宮粧也是那其中之一。他第一次見到楚宮粧，是在太宗14年（1414）10月26日的宴會上。之後讓寧大君只要一有機會，就會將楚宮粧傳入宮內，與其私通。雖然之後才發現她是定宗過去寵愛的妓生，但這已是太宗知曉楚宮粧經常出入東宮之後的事了。自己的兒子居然碰了親哥哥的女人，讓太宗丟盡了臉面。盛怒之下，太宗將楚宮粧逐出東宮。補上楚宮粧空位的另一個女子，是個名叫七點生的妓生。七點生原是讓寧大君姊夫李伯剛的侍妾，但這對讓寧大君而言並不是什麼大問題。

太宗16年（1416）3月20日，讓寧大君在李伯剛舉辦的宴會上被七點生吸引，想直接將她帶回宮裡，但有人出面阻止，正是他的弟弟忠寧大君（日後的世宗）。當時忠寧大君為了阻止兄長的好色之舉，一直監視著他，發現讓寧大君竟然覬覦姊夫的妾室七點生，他連忙趕到宴會現場：「豈可親戚之間，自相如此也？」

在忠寧大君強烈阻止下，讓寧大君只得退讓，但只限於那時而已。他仍然在私底下與楚宮粧、七點生等人偷偷密會。若要以國法處之，這都是會遭凌遲處斬的重罪，但讓寧大君全然不在乎，因為他貴為世子，刑法無法動他一絲一毫。

讓寧大君荒淫好色的舉止還不只這些。太宗17年（1417），他又犯下私通案件，對象是郭璇的妾室於里。此事是他被貶為廢世子的決定性關鍵，我們來看一下事件的來龍去脈。

太宗16年（1416）12月，樂工李五方前去東宮向世子說：「前中樞院郭璇之妾於里，姿色絕美，才藝皆通，可要一見？」

當時郭璇人在京畿道積城，不過郭璇的養子李昇去了一趟積城，而於里說想回都城探望親屬，所以李昇答應帶她一起回京城。聽到於里是個絕世美人，讓寧大君連忙讓李五方把人帶來。於是李五方和他的徒弟洪萬，便去找郭璇外甥女的丈夫權堡，讓他把於里接去東宮。

權堡說：「璇於予，有姻親之恩，不可欺也。然予敢不從世子命？」權堡便讓自己的妾室告訴於里，說世子想見她一面，但於里卻拒絕了，並說：「妾本有疾，色且不美，況今夫在，此何言也？」但樂工李法華建議世子：「不如送信物。」

讓寧便讓人送繡囊去給於里，於里雖然嚴詞拒絕，但李五方硬是逼她收下才回來。

後來於里把世子覬覦自己之事告訴李昇，但仍借住在李昇家中。聽聞此事的李法華連忙告訴世子：「機不可失。速往李昇家去。」

世子帶人越宮牆而行，和李五方一起去了李昇家。雖然李五方威脅交出於里，但李昇不聽，最後世子直接出面壓制李昇，把人帶到李法華家，和於里發生了關係，而後又把她帶回東宮。之後讓寧大君為了安撫李昇，還把自己的弓賜給李昇，於里也送錦緞給李昇的妻子。

隔年2月，此事最後釀成了大禍。世子搶走郭璇的妾室，並與其同居東宮之事傳進了太宗耳中。太宗先傳李昇審問，以他不報之罪處鞭刑一百，並收其職牒。至於與此事有關的權堡、李法華、宦官金奇等人，下令囚於義禁府獄中；還有逃到公州的李五方，以及守衛東宮的三軍鎮撫印仁敬等人，皆逐一追捕下獄。

太宗決意要罷黜世子，詢問臣子們意見，但大臣們異口同聲表示，是世子周邊的人陷其於不義，請旨不廢世子。太宗獨留趙末生、李原二人，再次問道：「世子之行如此，予欲效仿太甲古事放逐世子，如何？」

李原回答：「御命自是矣，然世子天質本美，若能除逢迎者，擇以正人教之，則將必改過而遷善矣。」

太宗聽了李原的話，決定再給世子一次機會。但因為不可能完全放任不管，所以太宗把讓寧大君送去金漢老的宅第，並停了他的份例。賓客*卞季良、卓慎去探訪世子，得到世子保證以後絕不再犯的承諾，於是覲見太宗上奏：「今日臣等見王世子，世子曰：『慎勿復如是也。』」

太宗相信此話，便對卞季良下了密旨：「卿等極陳世子之失，使之痛徹悔悟，使世子誓告宗廟，以無復蹈前日之行。」

卞季良等人告訴世子太宗的旨意，世子回答：「予之心則至矣，而不知所以為之。願賓客等明以指我，我惟指是從。」

卞季良等人曰：「勿復如是，若告天、告文昭殿（太祖王妃神懿王后之祠堂）、告社稷、告宗廟，則可矣。然天與社稷則遠矣，是以，某等以告宗廟為切。」

世子說：「告宗廟誓文，願賓客等聽我言而製之。既告宗廟之後，又欲上書（呈給君王），並製之。」

---

*譯註：這裡的「賓客」，是在世子書筵講課的正二品官職。

卞季良等人聽了，將原話轉達太宗，太宗說：「然矣。若誠心改過而告宗廟，則予何不信？既告宗廟，而又如前日，則是實欺祖宗之靈也。」如此一來，這場騷動總算暫時畫上句點。

然而幾天之後，從工曹參判李安愚口中，又傳出世子的另一個荒淫之舉。李安愚任義禁府提調時，曾審問權堡。他聽聞世子喜愛住在壽進坊的林上佐之養女，每天都趁夜出入壽進坊，於是將此事告訴金漸。金漸嚴詞批判李安愚「聞世子之過而不轉告於上」，李安愚後來被下獄審問。太宗最後只判其罷職了結，這是怕君王因世子之事使多人受難，會留下惡名，所以對於隱瞞事實的李安愚從輕發落。

幾日之後，讓寧大君按照約定交出了告宗廟與上書的文章，兩份都是由賓客卞季良所寫，內容極其哀切誠懇，足以感動太宗。

然而，向宗廟發誓後才過了兩個月，世子又犯下另一起私通事件。因為世子頻頻追問何處有美色處女，隨侍陳鋪便詢問他的同事李貴守。李貴守原本是世子丈人金漢老的家奴，是世子嬪乳母的兒子。李貴守四處打聽，終於從崔學的連襟玉世琛那裡聽到：「方有信孫女有姿色。」於是便和陳鋪一起告訴世子。世子又再派李貴守、鳥伊、重寶等人詢問，後來甚至直接前往方有信家探看，但方有信都把孫女藏起來避不見面。

有一天，世子突訪他家，不由分說地闖進孫女房間，見其女容貌後返回東宮。隔日，司贍署權知直長陳紀造訪東宮，拜託侍女烏伊傳話：「前日有信夫妻失禮，還請世子復往。」

但不知為何，世子居然說：「予不復往，許人嫁之。」

陳紀仍然再三請求，世子見他如此堅持，就讓李貴守揹著包袱，跟著世子一起到方有信家，與其孫女合宮後，凌晨回殿。此事很快就東窗事發，李貴守被處死，陳紀和方有信杖責一百大板，並被流放到三千里之外。

雪上加霜的是，世子私下仍然讓於里進出東宮，是世子嬪的祖母入宮時，把於里扮成侍女，趁隙偷偷帶進來的。後來於里後來有孕，肚子漸漸大了起來，於是再次讓世子嬪的祖母把她帶出去，在宮外生產。

於里生下孩子之後，又再度回到東宮生活，但太宗最終得知了一切。這是太宗18年（1418）5月10日的事了。

當時朝鮮的首都位於開京（現今北韓開城），太宗因住在漢陽心緒不安等理由，在那年的2月15日又搬回開京一陣子。太宗震怒之下，令世子居於漢陽舊殿，世子嬪則被趕回自己的娘家，至於世子的丈人金漢老最終遭流放至羅州。將世子趕回漢陽時，太宗其實已決心要罷黜世子。看破這點的讓寧大君，便寫了以下的信上書太宗：

殿下侍女，盡入宮中，豈眾女皆盡慎思而納之？兒臣欲出加伊（讓寧大君妾室），然憐其居生艱難，且若出外與人相通，則聲譽不美，因此不出。到今殿下出臣數妾，哭聲及於四鄰，怨望盈於國內，殿下何不反求諸身乎？

責善則情離，情離則莫大之不祥焉。臣無如此，故絕樂器之絃之行，不忍為之，將來縱意聲色之計，唯率意任情，以至於此。

漢高祖居山東時，貪財好色，然乃終定天下；晉王廣（隋煬帝）雖稱其賢，及其即位，身危國亡。殿下安知臣之終有無大孝？

禁此一妾，所失多而所得少。何謂所失多？不能禁千萬世子孫之妾，此乃所失多也；出一妾，此乃所得少也。

王者無私，申孝昌陷太祖於不義，然罪重仍赦之。金漢老唯以悅臣心為事，然殿下忘布衣之交，棄之暴也，使功臣自此危矣。淑嬪（世子嬪）有孕，一切粥食不飲，若一朝有故，則非常。今臣願自今自新，無一毫動念。

讀完讓寧大君的上書後，太宗氣到無言以對。甚至向宰相們說自己讀了世子文章，只覺戰慄。太宗把上書拿給六位代言及卞季良看，並說：「此言皆辱予，所謂『為父未出於正』之辭也。予若有愧，何敢示此書於爾等乎？世子此皆以妄事為言，予欲明辨。」

太宗於是讓卞季良製作反駁的答書，但卞季良說：「此事皆妄也，何足與答？」雖然太宗認同卞季良的話，不過他仍舊忍不下這口氣，便讓內官朴枝生抄下口諭，內容如下：

日前，予告汝以金漢老納女之事，且曰：「此言若出，則國家必欲殺之。」漢老亦曰：「臣罪十死。」汝何以為漢老無罪乎？申孝昌承命隨太祖，故有司雖請其罪，予心以為未妥而不允，汝何以為孝昌罪重乎？淑嬪有子，故不以罪人之女為嫌而使其還殿，又若死，予何惜乎？汝何以其不飲粥有故非常，恐動我乎？師傅、賓客請絕漢老，不以為親，故予絕之而付處羅州，如有再請，其死必矣。

隔天，太宗派內官朴枝生前往漢陽傳信給讓寧大君，並下令讓朴訔等書筵官們教導世子。書筵官們屢次上請面會世子，但世子今天說明天，明天說後天，屢屢稱病不出。但最後他也抵不過書筵官們的堅持，終於露了面。書筵官們手裡又拿著另一封太宗的家書，看來光憑上次朴枝生傳來的口諭，還是無法讓太宗滿意。

汝昔時，踰牆引入有夫之女，或至夜分，踰牆出外，樂工之家，汝無一不知。因而伏誅者幾人？被罪者幾人？父子之間，不似朋能責善，故予因不言。汝又告曰：「金漢老之罪，國人所共知。」則當請置極刑也，何今言之異歟？予欲於丙戌，屬憂於汝（將國家大事交給你），朝夕欲孝太祖。而人心之惡已甚不果，實有慚愧。申孝昌、鄭龍壽之事，予豈不知？予於當時，命申孝昌等侍衛太祖，故已衡其輕重而處罪。汝何不自新，速改前日之失乎？父子之間，豈容杖而教之乎？今見汝之書，亦不可謂之不知書也。書筵汝欲則為之，不欲則勿為。然需日接賓客，求聞善言。

但當賓客與書筵官們嘗試與世子對話，便立刻發現他不僅毫無反省，甚至完全沒有改善的空間。其實，太宗心裡已經做好廢世子的決定了。隔天6月2日，太宗召集了議政府大臣、三功臣、六曹、三軍都摠制府，以及各官廳的官員們，接著讓趙末生、李明德等人傳旨，曰：「世子李禔聽奸臣之言，冒亂女色，恣行不義。若後日據生殺予奪之權，則勢難可測，諸相當細審克之，國家當以正施行。」

朝廷大臣們也明白太宗的決意，於是紛紛上疏奏請罷黜世子。議政府、六曹、三軍都摠制府、司諫院及司憲府等，幾乎所有官廳都參與了這次的廢位上疏。最後，以世子身分橫行整個時代的讓寧大君，就這樣終於遭到廢位。

世宗的媳婦，為何陷入了同性戀愛？

世宗18年（1436）10月26日，世宗廢黜世子嬪純嬪奉氏。讓世子嬪廢位的理由有兩個，其一是她明明未懷孕，卻謊稱流產；另一個是，她和宮裡的宮女召雙談起了同性戀愛。當時純嬪奉氏已成婚七年，卻一直沒有懷上子嗣。這是因為世子李珦（日後的文宗）絲毫都沒有踏進她寢殿的緣故。純嬪奉氏對此怨懟已久，並用另一種方式滿足自己的性慾；讓人吃驚的是，她的對象竟是宮女召雙。實錄借世宗之口，將此事件記錄如下。

純嬪奉氏性甚忌妬，當初以不甚見愛於世子，久懷怨惡，及權承徽*（端宗之母，後被追尊為顯德王后）有娠，奉氏尤憤恨，常謂宮人曰：「權承徽有子，吾輩當遭斥退矣。」

而有時哭泣，聲聞宮中。予與中宮召而諭之曰：「汝甚愚昧。汝為世子之嬪而無子，承徽幸有子，常情應所喜，而汝反有怨心，不亦異乎？」

然奉氏無一悔色。後又常教世子曰：「雖有諸承徽，然豈如正嫡有子之尤貴乎？不可疎外正嫡。」

此後世子自是稍加優禮。其後奉氏自言有娠氣，宮中皆喜，慮有驚恐，遷入中宮靜處者月餘。一日，奉氏又自言落胎云：「有硬物成形而出，今在衣被中。」

*譯註：「承徽」為朝鮮時代賜給世子殿內人的品階，為從四品內命婦。

使老宮婢往視之，衣被中無所見，則其言懷孕，妄也。又，去歲世子移住處於宗學之時，奉氏往侍女便廁，從壁隙窺伺外人，又常使宮婢唱悅男之歌。

近聞奉氏愛一宮婢名召雙者，常不離左右，宮人或相言：「嬪與召雙常同寢處。」一日，召雙灑掃宮內，世子忽問：「汝真與嬪同寢乎？」召雙愕然對曰：「然。」其後頗聞奉氏酷愛召雙，暫離左右，嬪則恨怨曰：「我雖甚愛汝，汝則不甚愛我。」召雙亦常謂人曰：「嬪之愛我，頗異於常，我甚惶恐。」

召雙又與權承徽私婢端之相好，或與同寢，奉氏以私婢石加伊，常隨其二人之後，使不得與端之同遊。奉氏過往晨起，常使侍婢斂被枕，自與召雙寢處以後，不復使侍婢而自斂之，又私遣其婢澣濯其被。

此事頗喧於宮中，故予與中宮召召雙而問其狀，召雙言：「去歲冬至，嬪夜召我入內，他婢皆在戶外。嬪要我同宿，我辭之，嬪强之，不得已半脫衣入屏風裡，嬪盡奪餘衣，强使入臥相戲，有如男子交合狀。」

予常聞侍女從婢等私相交好，與同寢處，甚惡之。宮中嚴立禁令，有犯者，決杖七十，猶不能禁止，則或加杖一百，然後其風稍有歇息。予豈圖世子之嬪，亦慕此風，蕩淫如此？乃召嬪而問之，嬪答曰：「召雙與端之，常時愛好，不獨夜同寢宿，晝亦交頸舐舌，此乃彼之所為，我則初無同宿之事。」

然諸證甚明，豈能始終諱瞞？且彼人交頸舐舌之事，亦豈嬪之所宜知乎？常見其事而歆羨，則其勢必效而為之，益無疑矣。其餘使侍婢唱歌及窺壁隙等事，悉皆自服，然餘事皆輕，若非召雙之事，則雖置之可也，及聞召雙之事，然後予意斷然欲廢。

純嬪和宮女召雙同性戀愛的事件，是她被趕出宮的最大關鍵。然而，純嬪似乎並非天生就有同性戀傾向，從她讓宮婢們唱戀慕男性之歌看來，可以知道她應該平時就很懷念男人的溫度。但除了世子之外，她在宮中沒有任何能親近的男人，所以無法抑制慾望的她，選擇的對象正好就是召雙。

另一方面，上述實錄引文中有個值得注意的地方。當時宮女之間的確盛行同性相愛，因為宮女一旦入宮，就到死前都無法出宮，若是沒有獲得君王寵愛，便無法靠近任何男子。而且宮女們年紀輕輕入宮，直到成為尚宮之前，得花數十年時間待在同一間房裡，度過兩個人的共同生活，所以很多宮女都會演變成同性相戀。甚至還會刻削、製作模仿男性性器的木頭，作為性愛的道具。由於她們不能靠近除了王之外的任何男人，所以至少也要有如何排解性慾的方式。宮女們的處境究竟有多悲慘，可想而知。

其實，純嬪的處境也和宮女並無不同，雖然有丈夫，但因為丈夫完全不來找自己，所以處境等於是和宮女一樣。雖然是出於下策才不得不往同性戀愛發展，但這樣的選擇也終究讓她遭到廢黜。被趕出宮的純嬪最後死於父親奉礪的手中，奉礪也親手結束了自己的生命。這真是個悲傷且悽慘的故事。

掀翻朝廷的「自由夫人」俞甘同

世宗9年（1427）8月，一個女子的私通事件震撼了整個朝鮮社會。漢陽無人不知的兩班名門下，出了一個跟數十個男人發生關係的女子。這個女主角的名字叫作俞甘同。世宗認為此事茲事體大，問承政院承旨曰：「司憲府囚淫婦俞甘同，奸夫幾何？本夫誰也？」左代言金赭慌忙回答：「奸夫李升、黃致身、田穗生、金如達、李敦等人也，其他私奸者，不可勝數。」

所有被提及的人都是現任官吏，而且當中黃致身的父親還是當過政丞的黃喜，除此之外，還有許多宰相級的人物都被列在奸夫的名單之中。

世宗正覺荒唐，不知如何接話時，金赭繼續道：「俞甘同本夫則今平康縣監崔仲基也。仲基任務安郡守時，原率其去赴任，此女托疾請先至京，而淫行貫盈，故仲基棄之。」

「其父誰也？」

「其父則漢城府尹俞龜壽，皆是士族也。」

隔天，司憲府上奏，正式請求追審俞甘同。

「平康縣監崔仲基之妻俞甘同，背夫自稱娼妓，恣行京外。與奸夫金如達、李升、黃致身、田穗生、李敦，數月通姦，請收其職牒，與俞甘同同處刑問推審。」

世宗接受了司憲府的請求，下令審理此案。然而俞甘同在受審過程中，說出了其他奸夫的名字，人數簡直就像結實壘壘的葡萄般，連了一大串。

司憲府再次上奏新增的奸夫名單：「俞甘同之奸夫摠制鄭孝文、上護軍李孝良、海州判官吳安老、前都事李谷、水精匠（水晶工匠）張智、鞍子匠（馬具工匠）崔文殊、銀匠李成、前護軍全由性、行首邊尚同等，請收其職牒，拿來刑審。」

摠制是三軍府的要職，也是宰相級別的官職，上護軍指的則是正三品的上將軍。

除此之外，從判官、都事等地方官吏，到水精匠、鞍子匠、銀匠等匠人，俞甘同奸夫的身分也是五花八門。

世宗聽完之後說：「此女不必加審。已見奸夫十數，而宰相亦在，事由真相已成，以此決罪可矣。雖更審之，此女豈能盡記？」

世宗擔心會有更多出人意料的人士遭牽連，於是禁止再進一步審問俞甘同。更何況那群人之中很可能會出現王族，或高官顯貴也說不定。但司憲府卻對世宗的意見表示反對：「俞甘同奸夫，前日殿下命只審已現之人，使臣等勿復推審。然更思之，同是奸犯，一罪一免，似為不宜。請盡舉劾，以戒後來。」

最後世宗接受了司憲府的建議，下令徹查出所有奸夫。因為若不公平執法，對此事不滿的聲量可能會越來越高。不久之後，剩下的奸夫名單也公開了，世宗接到報告後不禁瞠目結舌。

「長淵僉節制使朴從智、行司直朱嗔紫、前判官柳升濡、內資判官金由畛、察訪崔濤、吉州判官安位、吉州部令李秀東、鎮海縣監金利貞、司正金若晦、副司直薛晳和余慶、行首李堅秀、殿直權格、別侍衛宋復利、及第李孝禮……此皆奸夫後現者是也？」

世宗大吃一驚。不僅京畿道官吏，連慶尚道，甚至咸鏡道的官吏都列在名單之中，也真夠讓人震驚的了。但這還沒有結束，還有成達生、朴根、朴好問、李菑、李具商、洪治、南宮啓、柳江、鄭中守等，許多出身漢陽名門，大名鼎鼎的人物，都被列在這奸夫名單中。

俞甘同事件甚至成為朝堂上議論的內容，正三品堂上官*以上的高官們，都聚集在議政府議論她的刑責。除了有議政府的三政丞，還集結了六曹、三軍府，以及漢城府的堂上官們，等於除了三司（司諫院、司憲府和弘文館）之外的高官顯貴，全都聚在一起。接著，便展開了一場各執一詞的辯論。

「淫婦俞甘同以士族之女，背夫淫奔，自稱官妓，縱欲無忌，敗倫莫甚。宜置非常之典，以戒後來。」

「應依律論罪，貶為外邊遠官婢，永屬終其身。」

一陣連續紛擾過後，最後得出了要把俞甘同貶到地方作為官婢的結論。雖然也有許多人主張將她處斬，但因為俞甘同出身士族，按律處刑便是這樣的處置。隔年，俞甘同解除官婢身分，流放至地方。

---

*譯註：「堂上官」指朝鮮官職中正三品以上，能參與政策決定，並負政治責任的官員。

之所以會如此輕判俞甘同，其實還有更根本的原因。正是因為與她發生關係的那群男人們。光被事件牽連的奸夫就超過三十人，而且其中相當多都出身士大夫，甚至還有好幾位宰相和功臣子弟，事情最後演變成很難處以重刑的情況。儘管司憲府和朝臣們都要求加以嚴懲，但世宗只下令杖責，至於部分功臣子弟和士大夫則以減刑處理。

俞甘同受司憲府審問的期間，其實還有更多人都在私底下膽顫心驚。因為只要自己的名字從她口中托出，就不得不和通姦扯上關係，所以大部分的官吏們都希望俞甘同事件能盡快解決。世宗也不例外，他很怕俞甘同口中會出現讓寧大君的名字，感到憂心忡忡。讓寧大君是天下皆知的花花浪子，再加上他遨遊全國各地，將私通視為家常便飯，很難讓人不把他跟俞甘同聯想在一起。所以世宗盡速了結了俞甘同事件，將她流放到偏遠的鄉下地方。

到底俞甘同是抱持著什麼想法，犯下如此多的通姦事件呢？她的丈夫身為地方官員，前途一片光明，而且她的家世也不曾衰落，甚至她本人也未曾被丈夫薄待，也不是被趕出家門的情況。不過她卻謊稱自己是娼妓，與眾多男子歡愛，行徑真讓人費解。儘管我們很難揣測她的想法，但俞甘同這個名字，從此之後便成為淫亂女子的代名詞，深植在朝鮮人們心中。

朝鮮的紅顏禍水，於乙宇同

另一個能和俞甘同並駕齊驅，被選為朝鮮紅顏禍水（femme fatale）的女人，叫作於乙宇同。於乙宇同出身漢陽名門，她的父親是承文院知事朴允昌，丈夫是身為王族的泰江守李仝。隨著她與丈夫李仝的關係惡化，於乙宇同開始走上歪路。李仝成婚後仍把心思全放在妓生身上，遭冷落的於乙宇同也因此開始外遇，夫妻倆雙雙出軌。成宗7年（1476）9月5日，宗簿寺上奏：

「泰江守李仝，昵愛女妓燕輕飛，而棄其妻朴氏。想是宗親愛嬖妾，逐拾妻之過，任情棄別。若一開其端，弊源難塞。請其復合朴氏，而李仝罪狀，請由上裁。」

成宗雖然接受了宗簿府意見，收回泰江守李仝的職牒，但兩個月之後，又返還其職牒，並恢復李仝的品階與官職。然而李仝並沒有和於乙宇同復合，反而開始指責妻子的所作所為；因為這時的於乙宇同也已經外遇了。驚人的是，於乙宇同不倫的對象竟然是丈夫的親戚——方山守李瀾和守山守李驥二人。於乙宇同在被李仝背叛之前，就已經和他們私通過。因為丈夫過度沉迷於妓生燕輕飛的懷抱，於乙宇同等於是懷著報復心理開始外遇的。她的私通行為之後持續了數年，奸夫的人數也漸漸變多。不久之後，長安便開始流傳於乙宇同的傳聞；此事很快也傳到了朝中。

第一次在朝中提起於乙宇同私通事件的人物，是左承旨金季昌，他在成宗11年（1480）6月15日上稟實情，成宗聽了之後，便說：「聞泰江守之棄妻朴氏，自知罪重而逃，令將其窮極追捕。」

對於成宗下的旨意，金季昌補充：「朴氏初通銀匠，為夫所棄，又通方山守，醜聲聞於一國。且其母與奴奸，見棄於夫。一家淫風如此，宜窮捕置之於法。」

雖然金季昌說是於乙宇同先與銀匠私通，才被李仝拋棄，但他很可能只是轉述李仝之言罷了。不過，於乙宇同的母親因與奴僕私通而被趕出家門，則是確切事實。王一聲令下，要逮捕於乙宇同，義禁府官員便去找她的父親朴允昌，並做出以下回報：「於乙宇同之母，亦有醜行，其父朴允昌謂於乙宇同『非吾女』，其淫行，乃自其母而來。」

朴允昌說，於乙宇同是他前妻鄭氏外遇所生的孩子。無論此話是真是假，都透露了一個訊息：於乙宇同從小便不曾從父親那裡得到女兒應得的關愛。

於乙宇同的私通事件演變為朝廷的巨大風波，王室宗親之妻竟然私通親戚，可想而知，這會引起多大的滔天巨浪了。成宗大怒之下，命人把跟於乙宇同私通的方山守李瀾抓來審問，被義禁府擒來的李瀾，承認自己曾私通於乙宇同，並逐一說出與她有關的其他男人。除了同是宗親的守山守李驥，還有魚有沼、盧公弼、金世勣等官員，都被指為奸夫。魚有沼是將領出身，當時擔任宰相級別的議政府右贊成；盧公弼當過承旨，並且是現任兵曹參議；金世勣則是武將，曾任宣傳官，最後升上折衝將軍。除此之外，還有金偁、鄭叔墀、金暉等官員也被提及，所有人的出身都極為顯赫。

深受君王寵愛的武官與前途光明的文官們，竟然被牽扯進私通事件，把朝廷上下弄得天翻地覆。儘管成宗認為方山守李瀾是為了脫罪才牽連無辜之人，並未問罪魚有沼、盧公弼和金世勣，但三司也未曾就此罷手。言官們主張應對三人進行審理，確認事實經過。

在這情況下，方山守李瀾又再告發了更多人的名字，有內禁衛官員具詮、學諭洪燦、生員李承彥、書吏吳從連、甘義亨、生徒朴強昌、良人李謹之，以及私奴知巨非等人。和於乙宇同私通的對象有達官顯貴、兩班、中人、平民甚至賤民。到了這個時候，成宗開始想要輕判相關人士，盡快解決此事，畢竟已經連累到王族甚至忠臣，往後不知道還會爆出誰的名字。

不過，這次司憲府同樣強烈反對，由大司憲鄭佸親自出面上奏：「於乙宇同，不辨貴賤，不計親疏，恣行淫亂，以士族婦女毀污名教莫甚。宜盡審其所私者，而痛治之。然義禁府據方山守李瀾之招辭，請審魚有沼、盧公弼、金世勣、金偁、金暉、鄭叔墀等，而魚有沼、盧公弼、金世勣，則全釋不問，金偁、金暉、鄭叔墀等，則只刑訊一次釋之，然金偁等，自知罪重，豈一次刑訊，而俱吐其情乎？臣等所疑者非僅此一。李瀾於滿朝大小朝官，必言此六人，一可疑也；魚有沼、金暉等通姦之狀，言之甚明，二可疑也；李瀾於此二人，素無嫌隙，又無交分，而必斥言之，三可疑也；金偁、金暉、鄭叔墀等，素有淫亂之名，四可疑也。今若輕赦之，則有罪者何所懲乎？請窮而審之，以正其罪。」

之後司諫院也主張應該審問魚有沼、盧公弼、金世勣等人的罪狀，但成宗都拒絕了。最後身為宗親的方山守和守山守，則繳罰金贖了杖刑，並處流配，如此便讓這個事件結束了。其實這個事件拖得越久，成宗的處境就越艱難。因為此事涉及到的，是嫁給王室宗親的女人。

朝廷如此紛擾之時，於乙宇同被義禁府逮捕下獄。對於她應受的刑罰，朝臣之間也進行了一場論戰。是要按律處置，或特別嚴加處刑，朝廷為此爭議不斷。成宗詢問相關法規，而義禁府答：「律該決杖一百、流二千里。」

鄭昌孫曰：「於乙宇同，以宗親之妻、士族之女，恣行淫欲，有同娼妓，當置極刑。然太宗、世宗朝，士族婦女淫行尤甚者，雖或置極刑，其後皆依律斷罪，今於乙宇同，亦當依律斷罪。」

鄭昌孫言下之意是應該按照原本的刑律處置，但沈澮的意見則不一樣：「於乙宇同之罪，按律則不至死。然以士族婦女，淫行如此，關係綱常，請置極刑，以鑑後來。」

朝臣們的意見明確分成兩派，鄭昌孫、洪應、韓繼禧、李克培等人認為應該按律處置，而沈澮、尹弼商、玄碩圭等人則主張應處極刑。於是成宗問承政院的意見，都承旨金季昌回：「於乙宇同，勿論貴賤親戚，皆奸之，宜置極刑，以警其餘。」

但左承旨蔡壽、左副承旨成俔的意見又不一樣了。「於乙宇同之罪雖重，然度法律，罪不至死。古人云：『守法堅如金石，信如四時。』今若置諸極刑，恐法毀矣。」

最後，成宗做了以下結論：「於乙宇同，淫縱無忌，此而不誅，後人何懲？其命義禁府，擬死律以啓。」於是，經過三次審判之後，於乙宇同最後被處絞刑。實錄將事件的來龍去脈紀錄如下。

絞於乙宇同。於乙宇同，乃承文院知事朴允昌之女也，初嫁泰江守李仝，行頗不謹。李仝嘗邀銀匠於家，做銀器，於乙宇同見而悅之，假為女僕，出與相語，意欲私之。李仝知而即出之，於乙宇同，還母家，獨坐悲歎，有女奴慰之曰：「人生幾何，傷歎乃爾？吳從年曾為憲府都吏，其容貌姣好，遠勝泰江守，族系亦不賤，可作配匹。主若欲之，當為主致之。」

於乙宇同允之。一日，女吳邀從年而至，於乙宇同迎入與奸。於乙宇同又嘗以微服，過方山守李瀾家前，李瀾邀入奸焉，情好甚篤，請李瀾刻名於己臂涅染之。

又端午日，於乙宇同靚妝出遊，玩鞦韆戲於城西，守山守李驥，見而悅之，問其女奴曰：「誰家女也？」女奴答曰：「內禁衛之妾也。」遂邀致南陽京邸（漢陽衙前官吏辦公處）通焉。

典醫監生徒朴强昌，因賣奴，到於乙宇同家，請面議奴值，於乙宇同出見强昌，挑之，迎入奸焉。最愛之，又涅其名於臂。

又有李謹之，聞於乙宇同喜淫，欲奸之，直造其門，假稱方山守使者。於乙宇同出見謹之，即持奸焉。

內禁衛具詮，與於乙宇同隔牆而居，一日見於乙宇同在家園，遂踰牆，相持入翼室奸之。

生員李承彥，嘗立家前，見於乙宇同步過，問於女奴曰：「此乃地方選上新妓？」

女奴假曰：「然。」承彥尾行，且挑且語，至其家，入寢房，見琵琶，取而彈之。於乙宇同問姓名，答曰：「李生員也。」

於乙宇同曰：「長安李生員，不知其幾，何以知姓名？」

李承彥答曰：「春陽君女婿李生員，誰不知之？」遂與同宿。

學錄洪璨，初登第遊街（古時中科舉者，會請風樂隊遊街示眾），過方山守家，於乙宇同窺見，有欲奸之意。其後相遇諸途，於乙宇同以袖微拂其面，洪璨遂至其家奸之。

書吏甘義享，路遇於乙宇同，挑弄隨行，至家奸焉，於乙宇同愛之，亦涅其名於背。

密城君奴知巨非，居其鄰，欲乘隙奸之。一日曉，見於乙宇同早出，劫之曰：「婦人何乘夜而出？我將大唱，使鄰里皆知，則大獄將起。」於乙宇同恐怖，遂招入於內奸之。

時方山守李瀾，在獄中，謂於乙宇同曰：「昔俞甘同，以多奸夫，不坐重罪，汝亦無隱所私，多所拖引，則可免重罪矣。」以此，於乙宇同多列奸夫照實，李瀾又引魚有沼、盧公弼、金世勳、金偁、金暉、鄭叔墀，皆無佐證，得免。

李瀾供云：「魚有沼嘗避居於乙宇同隣家，私遣人邀至其家，奸於祠堂，期以後會，贈玉環為信。金暉遇於乙宇同於社稷洞，借路傍人家通焉。」

人頗疑於乙宇同之母鄭氏，亦有淫行，鄭氏嘗曰：「人誰無情慾？不過吾女之惑男，特甚而已。」

我們可從記錄中得知，魚有沼、盧公弼、金世勳、金偁、金暉、鄭叔墀等有背景的兩班，大部分都得以免罪。雖然理由是證據不足，但這不過只是藉口而已。甚至因於乙宇同事件遭流放或下獄的人，不久後也全都被釋放了。然而，於乙宇同本人卻因此事遭處絞刑，對照刑律，實屬判決過重。可想而知，是為了堵住於乙宇同之口，才決定將她殺人滅口。因為以奸夫人數來看，雖然世宗時期的俞甘同事件的奸夫人數更多，但俞甘同只被流放，但於乙宇同卻慘遭嚴刑絞死。即便於乙宇同所犯下的私通，已經是跟泰江守李仝離婚之後的事了。儘管如此，她仍舊因為曾經是宗親之妻，而被視為萬惡的罪人。

這就是朝鮮嚴格的身分制度和男尊女卑意識下，所導致的結果。從這點來看，於乙宇同也可以說是一個時代的代罪羔羊。

既非男亦非女，舍方知與林性仇之

世祖8年（1462）4月27日，司憲府掌令申松舟上奏：「今據西部呈奏，居餘慶坊之故學生金龜石妻李氏之家人舍方知，服女服，蹤跡詭異，本府拿致視之，果著女服，然陰莖、陰囊即是男子。彼以男著女裝，必有其故，請囚拷訊。」世祖傳喚河城尉鄭顯祖，下旨道：「令承政院審視之。」

於是駙馬鄭顯祖、永順君李溥等王室成員，便與承旨們一起檢查舍方知。舍方知盤女子髮型，而且臉上沒有鬍子的痕跡，表面看來雖是女人，但讓醫女脫其衣確認身體後，發現他有男人的陰莖和陰囊。只是陰莖下還有女性的生殖器官，尿液也從該處排出。於是他們向世祖稟報：「此是二儀之人，而舍方知則男狀尤多。」

舍方知具有兩性性徵的實情一公開，跟他一起共同生活的金龜石之妻李氏，處境則變得難堪起來。因為這樣，事件就會導向李氏與舍方知之間有私通關係。李氏是曆數家李純之的女兒；精於曆數的李純之在朝鮮前期對科學技術發展有著極大的貢獻，讓他到了世祖時期仕運亨通，官拜宰相。李氏的兒子金由岳，則是當時政丞鄭麟趾的女婿，所以李氏和鄭麟趾是親家關係，而且駙馬安孟聃也是他們的親戚。調查李氏的淫行，不僅會影響李純之與鄭麟趾，甚至也直接關係到王室的名譽，是個非同小可的重案，因此世祖自然也極為慎重。

為了查清李氏淫行，司憲府把李氏的婢女小斤召史抓來嚴刑拷打，而且之後司憲府又想將舍方知拿來審問，於是世祖便怒聲問道：「已諸次亂杖李氏家婢小斤召史訊之，且有何可問而請拷訊舍方知乎？」

掌令申松舟提出辯解：「彼以男而女服，必有其情，故請拷訊，且訊問小斤召史之際，僅鞭一二度耳。」

然而世祖並不接受申松舟的請求，又說：「荒唐之人出入女家，而李純之以家長不能禁，固非矣。然非捕獲所奸而輕議宰相家事，且如此異常事不以啓稟，僅抑強取招，甚為不可。」

於是世祖下令，將抓來小斤召史的司憲府官員罷職。不過他似乎還是無法讓舍方知事件就這樣過去，便命義禁府將舍方知拿來歸案。但世祖仍然沒有輕易同意拷問舍方知，理由是舍方知僅是病人，且並沒有目睹私通現場。其實世祖會抱持這種態度，也是因為顧及李純之、鄭麟趾，以及駙馬安孟聃的臉面。

朝廷因此事掀起一場波瀾，最後連反正*功臣權擥，都出面要求審理舍方知：「舍方知須當鞫情科罪。以男子出入寡婦之家，罪固可治。」但世祖問：「則舍方知果真奸李純之之女乎？」權擥回：「然。彼著女服，在其家幾十年，其為相奸明甚。」世祖說：「此事關係大臣家門，而無形跡可據，故予不鞫之。且純之自有處置。」權擥並未屈服，說：「臣素知純之為人，必無所處置。」

*譯註：反正為「世祖反正」，指首陽大君李　發動癸酉靖難，最後得勝登基為王，成為朝鮮世祖。

最後，世祖接受了權擘的說詞，允諾鞫審舍方知，而且舍方知的過去也就此水落石出。

舍方知原本是兩班家子嗣，其母生下舍方知後，便知道他擁有兩性的特徵，於是讓他著女服，教與針線，教他做為女人過生活。與此同時，他的家中也遭遇不幸，世祖發動靖難，最後掌握政權，坐上王位；然而舍方知的家人，當初並未站在世祖這一邊。於是舍方知流落到延昌尉安孟聃家中作婢女，長大之後進入寺裡成了比丘尼。舍方知在寺中與名為智遠、小女的女子私通，又與名為仲非的比丘尼發生關係。仲非將舍方知介紹給金龜石的妻子李氏，當時沒有丈夫，獨自守寡的李氏，便把舍方知接回家中，歲月就這樣過了十年。李氏與舍方知的關係等於跟夫妻沒有兩樣。李氏財力雄厚，她讓舍方知吃好穿好，享盡奢華，並讓其他奴僕不得隨意待之。之後舍方知與李氏發展不倫關係的傳言甚囂塵上，終於傳到了司憲府。

雖然舍方知過去的行徑至此全部公開，但世宗很同情舍方知，沒有予以嚴懲。世祖把舍方知交給李純之處置，李純之最後把他送到鄉下。但李氏經常以探訪溫泉的理由前去舍方知的住處，李純之死後，李氏又再把舍方知帶回來同住。此時，司憲府又再次搜索李氏的家，並令醫女重新檢查舍方知的身體，他仍然同時具有兩性的性徵。

實錄紀錄如下：

金龜石之妻，李純之女也，早寡。其族延昌尉安孟聃之奴，名舍方知者，無鬚，貌類女，善裁縫，衣女服，曾通一尼。尼與李氏為鄰，舍方知因得入李家。遂見寵昵於李氏，常在左右，飲食同器，坐臥同席，衣服同色，皆窮極奢麗。

奴婢事舍方知如家主，鄰里雖知，李氏殊不愧，醜聲騰播，臺官糾之。王令承政院按驗，以不可汙辱士族，欲釋之。吉昌君權擥，力請治罪。命下舍方知於義禁府獄核實，尋付李純之處置。李純之掩護不懲，置舍方知於村莊，李氏托浴溫泉往從之。及李純之卒，舍方知復入李家如初。憲府考察，令女醫驗視，果夫也。

李氏和舍方知這樣再次同住後，朝廷因此又起波瀾。韓明澮、盧守慎等政丞出面提起這個問題，最後世祖不得不再次做出決斷：「令舍方知屬新昌縣官奴，由該縣管處。」

將舍方知貶為官奴，就是將舍方知判斷為男性的意思，由縣府管理則是禁止他與其他人接觸之意。舍方知就這樣成為官奴，度過他坎坷的一生，他和李氏超過十餘年形同夫妻的關係，也就此宣告終結。

朝鮮時代，還有另一個人也同樣天生具有兩性的性徵。明宗3年（1548）11月18日，咸鏡道監司呈上了以下奏摺：

「吉州人林性仇之，兩儀俱備，嫁夫娶妻，事甚駭怪。」

天生擁有男性和女性生殖器的人，韓文中又稱為兩性俱有者。林性仇之也和舍方知一樣，是屬於這種情況的雙性人。然而，林性仇之與舍方知不同的地方，在於他有成婚。一開始林性仇之曾經出嫁，想作為女人活下去，但跟丈夫分開之後，他又再娶妻成婚。

於是明宗下令：「林性仇之之事，律無其文，其議於大臣。世祖朝之舍方知，何以處置，併問之。」領議政洪彥弼提議：「林性仇之二儀俱備，物怪之甚。依舍方知例，應別置幽絕之處，禁防往來，使不雜處人類之間。」

林姓仇之最後也跟舍方知一樣，沒辦法度過平凡的人生，只能孤獨終老。舍方知和林姓仇之只因天生具有雙性的特徵，就被當成怪物，活得痛苦且坎坷。最令人哀嘆的人生，莫過於此了。

作　　者　朴永圭　Young kyu Park
翻　　譯　徐小為　Hsu Shiao Wei

責任編輯　蔡穎如　Ruru Tsai, Senior Editor
封面設計　兒日設計　Childay
內頁編排　林詩婷　Amanda Lin

行銷企劃　辛政遠　Ken Hsin, Marketing Executive
　　　　　楊惠潔　Gaga Yang, Marketing Executive
總 編 輯　姚蜀芸　Amy Yau, Managing Editor
副 社 長　黃錫鉉　Caesar Huang, Deputy President
總 經 理　吳濱伶　Stevie Wu, Managing Director
首席執行長　何飛鵬　Fei-Peng Ho, CEO

出　　版　創意市集
發　　行　英屬蓋曼群島商家庭傳媒股份有限公司城邦分公司
Distributed by Home Media Group Limited Cite Branch
地　　址　104 臺北市民生東路二段 141 號 7 樓
7F No. 141 Sec. 2 Minsheng E. Rd. Taipei 104 Taiwan

讀者服務專線　0800-020-299 周一至周五 09:30 ～ 12:00、13:30 ～ 18:00
讀者服務傳真　(02)2517-0999、(02)2517-9666
E - m a i l　創意市集／ ifbook@hmg.com.tw
城邦書店　城邦讀書花園 www.cite.com.tw
地　　址　104 臺北市民生東路二段 141 號 7 樓
電　　話　(02) 2500-1919　營業時間：09:00 ～ 18:30

I S B N　978-957-9199-90-2
版　　次　2020 年 6 月初版 1 刷
定　　價　新台幣 460 元／港幣 153 元

製版印刷　凱林彩印股份有限公司

情色朝鮮

에로틱조선

우리가 몰랐던 조선인들의 성 이야기

那些被迫忍受、壓抑的韓國近代性慾實錄

國家圖書館預行編目 (CIP) 資料

情色朝鮮：那些被迫忍受、壓抑的韓國近代性慾實錄 / 朴永圭著 .-- 初版 .-- 臺北市：創意市集出版：家庭傳媒城邦分公司發行， 2020.06
面；　公分 -- (Redefine 哲史思；19)
ISBN 978-986- 9199-90-2 (平裝)

1. 社會生活　2. 生活史　3. 韓國

732　109003578

香港發行所　城邦（香港）出版集團有限公司
香港灣仔駱克道 193 號東超商業中心 1 樓
電話：(852) 2508-6231
傳真：(852) 2578-9337
信箱：hkcite@biznetvigator.com

馬新發行所　城邦（馬新）出版集團
41, Jalan Radin Anum,Bandar Baru Seri Petaling,
57000 Kuala Lumpur,Malaysia.
電話：(603)9057-8822
傳真：(603) 9057-6622
信箱：cite@cite.com.my